Norbert Göttler · Die weiße Fahne

Allitera Verlag

NORBERT GÖTTLER, Jahrgang 1959, wuchs auf dem Gut Walpertshofen nördlich von Dachau auf, studierte in München Philosophie, Theologie (Dipl.) und Geschichte und wurde 1988 zum Dr. phil. im Fach Wirtschafts- und Sozialgeschichte promoviert. Als freier Publizist arbeitete er für die Süddeutsche Zeitung und den Münchner Merkur, als Schriftsteller für verschiedene Verlage (Rowohlt, Allitera etc.) und als Fernsehregisseur für die Sender BR, ARD, 3sat und arte. Von 2012 bis 2023 war Göttler hauptamtlicher Bezirksheimatpfleger des Bezirks Oberbayern. Göttler ist Mitglied des deutschen PEN-Clubs und der Europäischen Akademie der Wissenschaften und Künste (Salzburg), wo er seit 2021 als Prodekan / Co-Dean der Klasse III »Kunst und Literatur« fungiert. Norbert Göttler ist Mitglied von Amnesty International. Die Gründung der Dachauer Amnesty-Gruppe geht auf seine Initiative aus dem Jahr 1980 zurück. 2004 wurde Göttler das Bundesverdienstkreuz der Bundesrepublik Deutschland am Bande verliehen.

NORBERT GÖTTLER

Die weiße Fahne

NS-Endphasenverbrechen an Friedenswilligen in Bayern 1945

Allitera Verlag

Originalauflage April 2024
Allitera Verlag
Ein Verlag der Buch&media GmbH, München

Lektorat: Dietlind Pedarnig
Layout, Satz und Umschlaggestaltung: Johanna Conrad
Gesetzt aus der Minion Pro und Ten Oldstyle VF
Umschlagvorderseite: Zwei Soldaten der Panzerabwehr (101. US-Infanterieregiment) während eines Gefechts auf dem Marktplatz der Stadt Kronach am 14. April 1945.
© picture-alliance (Foto W. J. Rothenberger)
Printed in Europe · ISBN 978-3-96233-434-5

Allitera Verlag
Merianstraße 24 · 80637 München
Fon 089 13 92 90 46 · Fax 089 13 92 90 65

Weitere Publikationen aus unserem Programm finden Sie auf www.allitera.de
Kontakt und Bestellungen unter info@allitera.de

INHALT

ANHANG

KAPITEL 1

Die sterbende Bestie schlägt um sich

Am 12. April 1945 wagen mutige Frauen im mittelfränkischen Windsheim[1] den gewaltlosen Aufstand gegen einen sinnlos gewordenen Abwehrkampf der Nationalsozialisten. Wenige Stunden später wird Christine Schmotzer von einem SS-Untersturmbannführer vor den Augen ihres Ehemannes erschossen. Fünf Tage später wird in Ansbach der Philosophiestudent Robert Limpert standrechtlich erhängt. Am 23. April erleiden in Regensburg der bekannte Domprediger Dr. Johann Maier und der Arbeiter Josef Zürkl das gleiche Schicksal. Am 28. April wird im oberbayerischen Götting Pfarrer Josef Grimm durch SS-Männer grausam gefoltert und durch Genickschuss getötet. Am selben Tag liegen an vielen Orten Bayerns Dutzende friedenswilliger Männer und Frauen – Pfarrer, Bürgermeister und Ärzte darunter – in ihrem Blut, getötet nicht vom militärischen Gegner, sondern von ihren eigenen, hasserfüllten und verblendeten Landsleuten. Im Nachhinein berufen sich fast alle Täter auf den sogenannten Flaggenerlass Heinrich Himmlers vom März 1945, in dem der Reichsführer der SS befiehlt:

> »Aus einem Haus, aus dem eine weiße Fahne erscheint, sind alle männlichen Personen zu erschießen. Es darf bei diesen Maßnahmen keinen Augenblick gezögert werden.«[2]

Der Erlass wird unverzüglich umgesetzt. Als der Krieg augenscheinlich verloren ist, wendet sich der nationalsozialistische Terror mit unvorstellbarer Bestialität nach innen. Nur wenige Tage vor dem Zusammenbruch des sogenannten Dritten Reichs bezahlen noch viele Menschen ihren Friedenswillen mit dem Tod. Menschen, deren einzige Waffe in den meisten Fällen die weiße Fahne des Friedens gewesen ist. Der Nazi-Jargon diffamiert sie als »Kapitulanten« und »Defätisten«.

Die zeitgeschichtliche Forschung hat fast alle nationalsozialistischen Endphasenverbrechen[3] dokumentiert.[4] Trotzdem sind sie kaum mehr im allgemeinen Bewusstsein. Sie wurden überschattet von den Bildern des Holocausts und des KZ-Terrors. Nicht um von diesen Menschheitsverbrechen abzulenken oder diese zu relativieren, sondern um den tödlichen Fanatismus des NS-Regimes auch in den unscheinbaren Dörfern und Städten zu dokumentieren, ist diese Studie geschrieben. Es war eine sinnlose Raserei angesichts des eigenen Untergangs, die vor Nichts und Niemandem mehr Halt machte. Von Volksgemeinschaft keine Rede mehr.

Auch unter dem Aspekt des unmittelbar bevorstehenden Kriegsendes könnte man den Blick auf viele Opfergruppen richten: auf halbverhungerte KZ-Häftlinge, auf hingerichtete Deserteure, auf entwurzelte »Displaced Persons«, Zwangsarbeiterinnen und Zwangsarbeiter. Ja, es gab auch Rache- und Raubmorde durch ehemalige Zwangsarbeiter und KZ-Häftlinge. Und ja, es gab auch vereinzelte Kriegsverbrechen der verschiedenen Invasionstruppen. An dieser Stelle soll jedoch der Opfer gedacht werden, die unter der weißen Fahne starben. Ihre Gruppe war keineswegs homogen. Der Bogen spannt sich von langjährigen Widerständlern bis zu lokalen NSDAP-Parteimitgliedern, die im letzten Moment die Sinnlosigkeit weiterer Verteidigung einsahen. Von angesehenen Bürgermeistern, Pfarrern, Lehrern und Unternehmern, bis zu unbekannten Arbeitern, Studenten und Schülern. Von Menschen, die spontan zur Fahne griffen und deswegen umgebracht wurden, bis zu Menschen, die seit langem auf den Todeslisten der Machthaber standen und die die neue Freiheit nicht mehr erleben sollten.

Auch die Liste der Täter ist alles andere als homogen. Sie reicht vom kommandierenden Wehrmachts- oder SS-General bis zum fanatischen Hitlerjungen. Dazwischen drängeln sich die Kampfkommandanten und NSDAP-Gauleiter, die Führer von SS und SA, die Gestapo- und NSDAP-Funktionäre, Werwölfe, Volkssturm und Freikorpsmitglieder. Ihr gemeinsames Band ist eine Funktion in Partei, Staat oder Militär. Ist sie auch noch so klein gewesen, in dieser Endphase wurde man zum Herrn über Leben und Tod. Die Endphasenverbrechen sind keine Lynchmorde unter Nachbarn, sie sind geplante, kalte Morde der Machthaber. Ausgeführt nicht an den anonymen Schaltzentralen der Macht, sondern in den kleinsten, verwinkelten Ecken des untergehenden Deutschlands. Es sind Verbrechen von Deutschen an Deutschen.

Auch die Motive der Täter sind vielfältig: fanatische Endsiegparolen und blinde Pflicht- und Gehorsamsideologie, aber auch politische Mordlust an Oppositionellen, denen die unmittelbar bevorstehende Freiheit in letzter Minute geraubt werden soll sowie die Abrechnung mit politischen Regimegegnern von früher. Pfarrer Martin Brunner aus Hausham beschreibt in seinem »Einmarschbericht« letzteres Motiv:

> »Herr Kreisleiter Danninger wollte Hausham als einen Ort, der die Zugänge ins Schlierseetal beherrschte, verteidigen, außerdem wollte er dem demokratischen, roten Hausham einen Denkzettel geben und durch die SS das Bergwerk sprengen lassen.«[5]

Diese Studie erhebt nicht den Anspruch, neue NS-Endphasenverbrechen zu identifizieren. Die meisten von ihnen sind, gelegentlich an prominenter, öfter jedoch an entlegener Stelle, publizistisch dokumentiert. Aber sie stehen nicht mehr im Blickpunkt der heutigen Generation, vielen heutigen Zeitgenossen werden sie völlig fremd und neu sein. 80 Jahre danach ist kaum mehr Detailwissen, geschweige denn Empathie für die Opfer dieser Verbrechen festzustellen. Aber auch die kommenden Generationen haben ein Recht darauf, die Wahrheit über das Herkommen ihrer Gesellschaft zu erfahren. Auch wenn dies im Fall der »weißen Fahne« für alle Beteiligten schmerzhaft ist, ja, für manchen eine Zumutung darstellt.

Um in ihrer Betrachtung konkret zu bleiben, will diese Zusammenstellung den Lupenblick auf eine Teilregion Deutschlands, auf Bayern – im letzten Kapitel sogar konzentriert auf Oberbayern – richten. Die Studie ist Teil einer kritischen Heimatpflege, denn Heimat kann immer nur Heimat sein, wenn auch ihre Brechungen und Verwerfungen in den Blick genommen werden. Diese Studie distanziert sich damit von jeglichem reaktionären Heimatverständnis, wie es heute nicht selten wieder propagiert wird.

KAPITEL 2

Die Vorgeschichte des Zusammenbruchs

2.1 Der Einmarsch der Alliierten bahnt sich an

Am 15. März 1945 überqueren US-Einheiten unterhalb der Moselmündung den Rhein. General Omar Nelson Bradley (1893–1981) führt die 12. Alliierte Heeresgruppe, darunter die 3. US-Armee unter General George S. Patton (1885–1945). Französische Einheiten unterstützen den Vormarsch. Das militärische Ziel der Operation ist ein möglichst rascher Durchstoß nach Süddeutschland in Erwartung einer massiven Alpenfestung mit NS-Kommandostelle Obersalzberg. Der vom britischen Premier Winston Churchill (1874–1965) geforderte Marsch nach Berlin war von US-Oberbefehlshaber (und späterem US-Präsidenten) General Dwight D. Eisenhower (1890–1969) aus diesem Grund zunächst abgelehnt worden.

Die deutsche Wehrmacht hält zu diesem Zeitpunkt mit der Pfalz und dem Saarland zwar noch einen linksrheinischen Brückenkopf, der aber kaum noch wehrhaft ist, da fast alle militärischen Ressourcen im Zug der deutschen Verteidigungsoffensive an den Westwall verlegt worden waren. Den Alliierten am Rhein stellen sich die deutsche 1. und 7. Armee sowie Einheiten der Waffen-SS entgegen. Die Kommandogewalt hat General Albert Kesselring (1885–1960), der am 8. März vom

Führerhauptquartier zum »Oberbefehlshaber West« ernannt worden war. Ende April sollten ihm auch noch der Oberbefehl Südwest und Südost übertragen werden. Kesselring, der schon für Geiselerschießungen in Italien verantwortlich war, ordnet auch jetzt härteste Maßnahmen gegen die kriegsmüde deutsche Bevölkerung an und bezieht sich dabei auf den berüchtigten Flaggenerlass Heinrich Himmlers von März 1945. Der Ernst der Lage erfordere »schärfste Maßnahmen«, um das Durchhalten der Wehrmacht wie der Gesamtbevölkerung zu gewährleisten, verkündet Kesselring kurz vor Kriegsende.

Eine dieser Maßnahmen ist die Lynchjustiz an alliierten Soldaten. Hier ein Beispiel aus Pullach bei München, dokumentiert von Pfarrer Karl Wagner[6]:

> »Ein kanadischer Flieger, dessen Namen nicht ermittelt werden konnte, suchte sich durch Fallschirmsprung aus seinem brennenden Flugzeug zu retten, ging auf Pullacher Gebiet nieder, wo er wehrlos durch den damaligen Ortsgruppenleiter erschossen wurde. Einige Zeit später fand man ihn nahezu völlig ausgeplündert und beerdigte ihn formlos auf dem neuen Friedhof.«[7]

Die an der Westfront eingesetzten SS-Einheiten werden von General Paul Hausser (1880–1972) und General Max Simon (1899–1961) geführt. Hausser ist Generaloberst der Waffen-SS und neben Sepp Dietrich ranghöchster Offizier der Waffen-SS. Simon ist Generalleutnant der Waffen-SS und wird verantwortlich sein für die Erhängung der »Männer von Brettheim«, von der noch zu berichten sein wird. Obwohl der Krieg offenkundig verloren ist, ordnen beide SS-Generäle härteste Sanktionen an, sollten weiße Fahnen gehisst werden.

Aller Verteidigungsbemühungen zum Trotz lässt sich der Vormarsch der Alliierten nicht aufhalten. Schnelle US-Panzervorstöße, Tiefflieger und Bomben auf Städte am Rhein bringen die deutsche Front rasch zum Wanken. In kurzer Zeit gehen 80 Prozent der deutschen Infanterie und 100 000 Mann verloren. Flüchtende Soldaten und Zivilisten verursachen in der Region ein Straßenchaos. Der Feldzug nach Süddeutschland durch die 3. und die 7. US-Armee sowie durch die französische 1. Armee verläuft weitgehend nach Plan. Das militärische Ziel ist, die 7. US-Armee von Nordbayern zur Donau und die 3. Armee nach Ostbayern vorstoßen zu lassen, um damit einen Riegel zwischen Bayern und die sich abzeichnende Sowjetzone zu schieben. Am 22. März überschreitet die 3. US-Armee erstmals den Rhein. Gleichzeitig besetzen britische Truppen Hamburg und französische Einheiten Baden-Baden. General Charles de Gaulle (1890–1970), Präsident der provisorischen Regierung Frankreichs, plant bereits einen symbolträchtigen Besuch in der deutschen Bischofsstadt Speyer.

2.2 Ermordung von Wehrmachtsangehörigen durch deutsche Standgerichte

Todesurteile über Wehrmachtsangehörige gehören nicht zum zentralen Thema dieser Studie. Dennoch sei darauf verwiesen, dass formelle deutsche Kriegsgerichte oder informelle Erschießungs- oder Erhängungskommandos zwischen 1939 und 1945 über 1400 eigene Soldaten getötet haben. Kaum eine Armee der neueren Zeit hat eine solche Quote aufzuweisen. Viele der Hinrichtungen geschahen gegen Kriegsende, sind also Endphasenverbrechen in der Zeit der »weißen Fahne«. Wehrmachtsgeneräle versuchten damit, den Auflösungserscheinungen in der Truppe entgegenzuwirken. Ihre Argumente, anhaltende Kampfesbereitschaft sei nötig, um die Position Deutschlands bei schon laufenden Friedensverhandlungen zu stärken, waren bei der Truppe zunehmend unglaubwürdig geworden. Hier einige Beispiele von Todesurteilen gegen Wehrmachtsangehörige in Bayern:

Aschaffenburg (Regierungsbezirk Unterfranken), 28. März 1945

Im Abwehrkampf um Aschaffenburg lässt Kampfkommandant Major Emil Lamberth standgerichtlich Friedel Heymann (1919–1945), Leutnant der Stadtbesatzung, als »Feigling und Verräter« erhängen.[8] Heymann ist schwer verwundet, es droht ihm die Amputation seiner Hand. Einer Militärstreife kann er die entsprechenden Papiere nicht beibringen, sodass ihn ein Standgericht wegen Fahnenflucht zum Tod verurteilt. Zur Abschreckung lässt man den Leichnam bis zur Übergabe an die US-Truppen auf einem Baum hängen. Erst 1998 wird das Urteil offiziell aufgehoben und Heymann rehabilitiert.

Coburg (Regierungsbezirk Oberfranken), 10. April 1945

Bei der Verteidigung von Coburg verurteilt ein Fliegendes Standgericht fünf flüchtende Wehrmachtssoldaten zum Tod durch Erhängen.[9] Der folgende Abwehrkampf fordert 45 Tote unter Coburgs Bevölkerung. Kurz darauf wird auf der Veste Coburg die weiße Fahne gehisst.

Hilgertshausen (Landkreis Dachau), 26. April 1945

Zwischen Hilgertshausen und Thalmannsdorf werden mehrere Wehrmachtssoldaten, darunter ein 16-jähriger Junge, von der SS erschossen, weil sie sich von der Truppe entfernt hatten.[10] Ihr Grab müssen sie sich selbst schaufeln. Das Verbrechen ist bis heute ungesühnt.

Stichwort: Fliegende Standgerichte

Standgerichte sind – militärische, aber auch zivile – Ausnahmegerichte zur Unterdrückung von inneren Unruhen und Widerstandsaktionen. Der Oberbefehlshaber kann vor Ort Urteile (meistens Todesurteile) gegen Soldaten und Zivilisten aussprechen und auf der Stelle vollstrecken lassen. Bereits am 20. Februar 1943 hatte Adolf Hitler »Fliegende Standgerichte« angeordnet, um politischen Widerstand in der Bevölkerung im Schnellverfahren ohne Gnadenrecht aburteilen lassen zu können. Mehrere 1000 Personen (die Dunkelziffer ist noch immer nicht geklärt) fallen in der Endphase des Kriegs den Standgerichten zum Opfer. Die Verantwortlichen der Standgerichte werden nach 1945 nur in wenigen Fällen zur Rechenschaft gezogen, weil die deutsche Justiz davon ausgeht, dass sie nach damals geltendem Recht gehandelt haben. Die Rechtsmäßigkeit von Standgerichten in der NS-Zeit ist bis heute umstritten, seit 1949 sind sie in der Bundesrepublik verboten. Erst 1998 und 2002 werden die damaligen Urteile vollständig aufgehoben und die Verurteilten rehabilitiert.

Das Kriegsende steht bevor, was den fanatischen Hass der Nationalsozialisten aber eher noch anstachelt. Auch der kommandierende deutsche General Albert Kesselring bedient sich in vielen Fällen des sogenannten Standrechts. Wo die Bevölkerung bei Annäherung des Feindes weiße Tücher zeige, seien die betreffenden Häuser zu zerstören und deren männliche Bewohner vom vollendeten 16. Lebensjahr an zu erschießen, so sein Befehl. In der Folge ziehen die »Fliegenden Standgerichte«, in Wahrheit fanatische Mörderbanden, durch Deutschland und hinterlassen eine blutige Spur. Besonders menschenverachtend wütet das Standgericht des Majors Erwin Helm, das sogenannte Standgericht Helm.

Mitte Februar 1945 verordnet das Reichsjustizministerium als Pendant zu den militärischen Standgerichten die Errichtung von zivilen Standgerichten in frontnahen Regionen. Den Gerichten sollen die NSDAP-Gauleiter in ihrer Rolle als Reichsverteidigungskommissare vorstehen. Geahndet werden alle Taten, die die Verteidigungsbereitschaft der Bevölkerung schwächen oder lähmen. Martin Bormann (1900–1945), NS-Reichsminister und enger Vertrauter Hitlers, nennt die Gerichte eine »Waffe zur Vernichtung aller Volksschädlinge«[11].

Die Standgerichte, die vor allem Todesurteile aussprachen, gaben den Morden der NS-Endphase eine scheinbar juristische Legalisierung, auf die sich später viele Täter beriefen. In vielen Fällen wurde sogar auf Standgerichte verzichtet und diese von wilden Exekutionen abgelöst. Solches Vorgehen forderte auch der sogenannte Flaggenbefehl, in dem Heinrich Himmler alle mit dem Tod bedroht, die die weiße Fahne hissen oder Panzersperren abbauen würden.

KAPITEL 3

Die Front rückt näher. NS-Gräueltaten außerhalb Bayerns

Aachen (Nordrhein-Westfalen), 25. März 1945

> »Und nun neue Werwolf-Kampfberichte des Tages. Werwölfe! Nun hört den Rat eines erfahrenen Werwolfs. Seid besonnen, aber handelt schnell. Der Feind ist im Augenblick überall verwundbar. Seine weit vorgedrängten Einheiten sind nicht immer gesichert. Nachschubwege sind lang und nicht zureichend geschützt. Packt zu, wo sich eine Gelegenheit findet!«[12]

Derartige Aufrufe können die Deutschen immer noch über ihre Volksempfänger empfangen, als Teile Westdeutschlands bereits von den Alliierten befreit sind. Aachen ist seit Monaten von den Amerikanern eingenommen. Wie alle deutschen Städte ist auch die alte Domstadt schwer gezeichnet. Auf Vermittlung des Aachener Bischofs setzen die US-Militärbehörden im Oktober 1944 einen unbescholtenen Mann, Franz Oppenhoff (1902–1945) als Oberbürgermeister ein. Der Rechtsanwalt drängt nicht nach Amt und Würden, will sich der Verantwortung in dieser schweren Zeit aber nicht entziehen. Mit seiner jungen Familie lebt er vor den Toren der Stadt. Oppenhoff ist eng mit dem Aachener Domkapitel verbunden. Früher war er Justitiar kirchlicher Hilfswerke. Jetzt nimmt der mühsame Wiederaufbau der Zivilverwaltung seine ganze Kraft in Anspruch.[13]

Doch die Nationalsozialisten haben mit Franz Oppenhoff noch eine Rechnung offen. Am 25. März landet eine sechsköpfige Fallschirmspringergruppe (SS-Untersturmführer Herbert Wenzel, SS-Unterscharführer Joseph Leitgeb, zwei ortskundige Gestapo-Beamte und zwei Jugendliche, der 16-jährige Hitlerjunge Erich Morgenschweiss und Ilse Hirsch, ein BDM-Mädchen) in der Nähe Aachens auf belgischem Gebiet. Ein überraschter belgischer Soldaten wird auf der Stelle getötet und die Gruppe macht sich auf den Weg in die Stadt. Es sind »Werwölfe«, gedungene Mordkommandos Heinrich Himmlers, der sich zu diesem Zeitpunkt noch auf freiem Fuß befindet. Sie suchen in Aachen die Privatwohnung Oppenhoffs auf, verschaffen sich unter dem Vorwand, dringend Pässe zu benötigen, Zugang und erschießen kaltblütig den Oberbürgermeister. Christa Metzger, seine Tochter, erinnert sich 2007:

> »Meine Mutter und mein Vater waren zu diesem Zeitpunkt bei einer Besprechung in Nachbarhaus. Wir Kinder waren bei unserem Kindermädchen. Diese hat den Vater gerufen, es würde nach ihm gefragt. Die Leute haben sich als Deutsche ausgegeben, die Pässe bräuchten. Mein Vater sagte, ich kann ihnen keine Pässe geben. Ich habe, selbst wenn ich wollte, keine Formulare. Dann ließ er ihnen vom Mädchen noch Butterbrote schmieren. Als er dann durch die Kellertüre wieder nach draußen ging, stand sein Mörder vor ihm und hat den Schuss abgegeben. Dieser traf die Schläfe und trat an der Stirn wieder heraus. Entsetzlich für meine Mutter, die bemerkte, dass mein Vater nicht zurückkam und ihn dann am Boden liegend fand.«[14]

Die NS-Propaganda in Restdeutschland bejubelt den Mord an einem angeblich »treulosen Verräter«. In Aachen jedoch ruft die Tat allgemeine Abscheu und Verachtung hervor. Auf den Ruinen ihrer Stadt kommen die Menschen zu Trauerkundgebungen zusammen. Vier Jahre später wird das Verbrechen an Franz Oppenhoff vor dem Landgericht Aachen verhandelt. Die Täter bleiben verschollen, die Hintermänner werden milde bestraft. Die Planer des Verbrechens, SS-General und Inspekteur der Freischärlerbewegung »Werwolf« Karl Gutenberger (1905–1961) und dessen Stabsführer Raddatz berufen sich auf Befehlsnotstand. Sie werden 1948 nicht wegen Mordes, sondern lediglich wegen Beihilfe zum Totschlag zu wenigen Jahren Gefängnis verurteilt. 1953 kommt Gutenberger aufgrund eines Gnadenerlasses frei und arbeitet fortan als Handelsvertreter.

Stichwort: Werwolf

Der sogenannte Werwolf war eine nationalsozialistische Untergrund- und Terrorbewegung am Ende des Zweiten Weltkriegs, die im September 1944 von Heinrich Himmler gegründet wurde. Ihre Ziele waren Attentate im Rücken der alliierten Truppen, Racheaktionen gegen Kriegsmüdigkeit und Kollaboration und Terror gegen die neue Demokratie. Das Symbol des »Werwolfs« war eine symbolisierte Wolfsangel mit Querstrebe, die Losung der Bewegung lautete: »Haß ist unser Gebet und Rache ist unser Feldgeschrei!« Bereits von 1923 bis 1933 gab es eine Vorläuferorganisation, die nach der Machtergreifung in der SA aufging.

Oberwittstadt (Baden-Württemberg), 2. April 1945

Am 2. April 1945 wird Pfarrer Alois Beichert (1893–1945) in Oberwittstadt (Baden-Württemberg) von bewaffneten Soldaten der SS-Junkerschule Rosenheim erschossen. Der Ort war bereits von ersten US-Einheiten durchkämmt worden. Nach ihrem Abzug dringen die SS-Männer erneut in den Ort ein, um Rache an dem Geistlichen zu nehmen, der sich in seinen Predigten kritisch über das »Dritte Reich« geäußert und die weiße Fahne gehisst hatte. Die Zeitzeugin Margot Schneider erinnert sich 2007:

> »Die SS schrie, dieses Dorf wird verteidigt, das machen wir wieder deutsch. […] Da stürzte aus der Kirche ein jungen Mädchen und rief: Helfen Sie, helfen Sie! Die suchen einen Strick, die wollen unseren Pfarrer erhängen. Da fielen plötzlich Schüsse, man hörte ein fürchterliches Stöhnen und es tat einen Schlag. Und da lag unser Pfarrer auf dem Boden. Es durfte ihm kein Mensch beistehen. Er lag auf dem nackten Asphalt.«[15]

Nach den Schüssen von Oberwittstadt liegt Alois Beichert zwei Tage lang im Sterben. Die Mörder brüsten sich, »ein schwarzes Schwein geschlachtet zu haben«. Die Täter werden nie gefasst.

Heilbronn (Baden-Württemberg), 6. April 1945

Anfang April 1945 steht die US-Armee kurz vor der Einnahme von Heilbronn (Baden-Württemberg). NSDAP-Kreisleiter Richard Drauz (1894–1946) hat Akten und Parteifahne verbrennen lassen. Durchziehende Wehrmachtssoldaten raten den Stadtbewohnern, weiße Fahnen zu hissen, um einen Beschuss zu verhindern. Richard Drauz, bereits auf der Flucht, bemerkt die weiße Beflaggung. Ohne zu zögern, lässt er anhalten und auf alle Bewohner jener Häuser schießen, die Fahnen gehisst haben. 14 Zivilisten fallen dem Massaker zum Opfer, darunter Heinrich Gültig, stellvertretender Oberbürgermeister, seine Ehefrau Anna, seine Schwager, Pfarrer Gustav Beyer und Elsa Dreblinger. Vier weitere Personen überleben nur, indem sie sich totstellen.

Nach dem Einmarsch der Amerikaner kann Richard Drauz vorübergehend fliehen und unter falschem Namen im Kloster Dernbach bei Montabaur untertauchen. Dort spürt ihn der US-Abwehrdienst auf. Nach einem Prozess im Dezember 1946 wird er im Kriegsverbrechergefängnis Landsberg am Lech hingerichtet.

Brettheim (Baden-Württemberg), 10. April 1945

In ihrem Fanatismus terrorisieren Hitlerjungen die eigene Bevölkerung, etwa im evangelischen Dorf Brettheim im Hohenloher Land in Baden-Württemberg.[16] Die Jugendlichen sind das letzte Aufgebot des 13. SS-Armeekorps. Am 7. April durchkämmen sie, mit Panzerfäusten bewaffnet, Brettheim. Besorgte Bürger nehmen ihnen die Waffen ab und versenken sie im Dorfteich. Jeder weiß es, der Widerstand der Hitlerjungen hätte ein Bombardement der Amerikaner zur Folge. Doch den fanatisierten Jugendlichen gelingt es, SS-Einheiten aus der näheren Umgebung zu alarmieren. Ihr eigenes Ende vor Augen, greifen diese zum Äußersten. SS-General Max Simon (1899–1960) schickt SS-Sturmbannführer Friedrich Gottschalk (geb. 1910 in Breslau) nach Brettheim. Bei den folgenden Verhören stellt sich Landwirt Friedrich Hanselmann freiwillig, um andere zu schützen. Er wird, ebenso wie Gemeindediener Friedrich Uhl, zum Tod durch Erschießen verurteilt. Doch die Beigeordneten des Standgerichts, Bürgermeister Leonhard Gackstatter und NSDAP-Ortsgruppenleiter Leonhard Wolfmeyer verweigern ihre Unterschrift. Sofort wird das Todesurteil auch auf sie ausgeweitet. General Max Simon und Heeresmajor Ernst Otto verschärfen es mit dem Zusatz: »Erhängen!«

Am Abend des 10. April werden drei der vier Verurteilten (einem gelingt die Flucht) durch den Tod am Strang hingerichtet, ihre Leichen müssen den ganzen Tag hängen bleiben. Die Hitlerjungen machen sich einen Spaß daraus, die Leichen zu schänden. An den Körpern der Toten werden Schilder angebracht: »Ich bin der Verräter Hanselmann.« Und: »Ich habe mich schützend vor den Verräter Hanselmann gestellt.« Die Hingerichteten hinterlassen neben ihren Frauen insgesamt elf Kinder. Die Tochter eines der Hingerichteten erinnert sich:

> »Mein Vater sagte zur Mutter, gegen mich liegt ein Haftbefehl vor. Sie sagte, du hast doch nichts zu schulden kommen lassen. Er sagte, lieber will ich unschuldig sterben als das auf mein Gewissen nehmen. Später kam der Pfarrer in unsere Wohnung und sagte: Da stockt einem ja das Blut in den Adern. Als er merkte, dass wir noch ganz ahnungslos waren, sagte er, der Vater hats überstanden. Den Abend des 10. April vergesse ich mein ganzes Leben nicht. In dunkler Stunde saßen wir beieinander und haben gebetet. Es war kein elektrisches Licht da.«[17]

Die Bluttat von Brettheim lässt die Bürger nicht ruhen. Ohne Erfolg fahnden sie nach den Hitlerjungen. Nach 13 Jahren erst erreichen sie, dass die eigentlich Verantwortlichen gefunden und 1958 in Nürnberg vor ein Schwurgericht gestellt werden. Das Gericht wartet nach drei Instanzen mit einer Überraschung auf: Die Angeklagten werden freigesprochen. Sie hätten nach damals geltendem Recht gehandelt, das Wehrkraftzersetzung mit dem Tode bestrafte.

Weitere Mordaktionen

Weitere Mordaktionen bei Beendigung des Kriegs außerhalb Bayerns sind bestätigt in Ingelheim am Rhein (Rheinland-Pfalz), Riddagshausen bei Braunschweig (Niedersachsen), Wetzlar (Hessen), Döttlingen (Niedersachsen), Oberhausen (Nordrhein-Westfalen), Stollberg (Sachsen) sowie in Welda (Westfalen).[18]

Stichwort: SS und SA

Die nationalsozialistische Schutzstaffel (SS) war eines der wirkungsvollsten Terror- und Unterdrückungsinstrumente Hitlers. Die SS wurde bereits 1925, also während der Weimarer Zeit, gegründet. In ihre Verantwortung fielen ab 1934 unter Leitung von Heinrich Himmler der Betrieb der Konzentrationslager sowie die Durchführung des Holocausts und die zahlreichen Völkermorde während des Zweiten Weltkriegs. 1934 entmachtete die SS Hitlers bisherige paramilitärische Kampforganisation, die »Sturmabteilung SA« (sogenannter Röhm-Putsch). Im Juni 1944 zählte die SS rund 800 000 Mitglieder. Die Nürnberger Prozesse stuften die SS als verbrecherische Organisation ein.

KAPITEL 4

Die Besetzung Bayerns und erste Gräueltaten gegen Friedenswillige auf bayerischem Gebiet

Die Besetzung Bayerns beginnt in Franken. Bereits am 16. März 1945 findet eine massive Bombardierung Würzburgs statt. Ein Feuersturm von 18-minütiger Dauer zerstört dabei fast die gesamte Stadt und fordert rund 5000 Menschenleben. Am 25. März erreicht die 4. Panzerdivision der 7. US-Armee unter General Patton mit Aschaffenburg erstmals zentrales Gebiet Bayerns mit Bodentruppen. Das Gefangenenlager Hammelburg wird zunächst befreit, dann aber kurzfristig wieder von der deutschen Wehrmacht besetzt. Die SS sammelt rund um Würzburg 15000 Mann, um Widerstand zu leisten und kampfesmüde Wehrmachtssoldaten sowie übergabewillige Ortsgemeinden zu bedrohen. Je aussichtsloser die Lage, desto martialischer werden die Gewalttaten. Hier einige Beispiele aus Franken und der Oberpfalz.

Markt Zellingen (Landkreis Main-Spessart), 28. März 1945

Im Markt Zellingen wird der Bauer Karl Weiglein (1886–1945) »wehrkraftersetzender« Äußerungen verdächtigt und vom »Fliegenden Standgericht Helm« zum Tod verurteilt. Vor den

Augen seiner Ehefrau wird er an einem Birnbaum aufgehängt. Die Leiche muss mehrere Tage dort verbleiben.

Windsheim (Landkreis Neustadt an der Aisch-Bad Windsheim), 12. April 1945

Auch in Windsheim formiert sich Widerstand, nachdem bekannt wird, dass der Ort auf Befehl der NSDAP-Gauleitung unter allen Umständen verteidigt werden soll.[19] Zunächst erscheinen diese Bemühungen erfolgreich zu sein: Windsheim wird zu Lazarettstadt erklärt, was Kampfhandlungen untersagt. Am 12. April wird jedoch Major Günther Reinbrecht neuer Kampfkommandant. Er lässt alle Zugangsstraßen verbarrikadieren und alle Rotkreuzfahnen entfernen. Daraufhin versammeln sich rund 300 Frauen, Kinder und ältere Männer vor dem Rathaus und demonstrieren für eine kampflose Übergabe der Stadt. Vor allem Frauen (»Weibersturm von Windsheim«) bestürmen den Kampfkommandanten der Straubinger Panzerjäger, den Ort zu verlassen. Dieser fordert jedoch Verstärkung durch Nürnberger Gestapo an. Erst ein falscher Tieffliegeralarm zerstreut kurzzeitig die Menge.

Tags darauf ermittelt die Gestapo nach den Anführerinnen der Demonstration. Reinbrecht nennt dem SS-Untersturmbannführer Karl Schmid drei Namen, darunter Christine Schmotzer (1906–1945), Ehefrau des Industriellen Hans Schmotzer (1883–1962) und eine geborene Freifrau von Nesselrode-Hugenpoet, einem westfälischen Adelsgeschlecht. Am Abend wird sie vor den Augen ihres Mannes von Karl Schmid erschossen. Neben die Leiche legt er ein Pappschild mit der Inschrift: »Eine Verräterin wurde gerichtet!« Zwei Tage später wird Windsheim von den US-Truppen eingenommen – die Einheit von Major Günther Reinbrecht hatte sich rechtzeitig abgesetzt.

1948 verurteilt das Landgericht Nürnberg-Fürth Karl Schmid wegen Totschlags zu einer zehnjährigen Zuchthausstrafe.

Major Günther Reinbrecht wird »wegen leichtfertiger falscher Anschuldigung« zu sieben Monaten Gefängnis verurteilt.

Nürnberg (Regierungsbezirk Mittelfranken), 13. April 1945

Der NSDAP-Gauleiter von Franken, SA-Gruppenführer Karl Holz (1895–1945), droht allen, die weiße Fahnen hissen würden, mit Erhängen und Sprengung ihrer Wohnungen. Bei der Einnahme Nürnbergs durch US-Truppen am 18. April verschanzt er sich mit einigen Vertrauten im Polizeipräsidium und findet dort den Tod.[20]

Burgthann (Landkreis Nürnberger Land), 16. April 1945

Ein Vorauskommando der US-Armee rückt in Burgthann ein und befiehlt, zum Zeichen der Kapitulation die weiße Fahne zu hissen.[21] Der Forderung wird von vielen Bürgern nachgekommen. Tags darauf dringen jedoch Soldaten der 17. SS-Panzergrenadier-Division »Götz von Berlichingen« in den Ort ein und fordern von Bürgermeister Andreas Fischer ultimativ die Abnahme der Flaggen. Wiewohl möglicherweise selbst NSDAP-Mitglied, weigert sich dieser, worauf er von einem SS-Hauptmann erschossen wird. Bei der folgenden Einnahme des Orts durch die Amerikaner kommt es zu Straßenkämpfen, bei der viele Gebäude zerstört werden, ehe schließlich die SS vertrieben wird. Der spätere Prozess gegen den SS-Hauptmann wird 1958 eingestellt, da er vermeintlich nach damals gültigem Recht, dem »Flaggenbefehl«, gehandelt habe. Erst 2023 konnte Heide Schaar, die Enkelin des getöteten Bürgermeisters, ein kleines Denkmal für ihren Großvater durchsetzen.

Ansbach, 18. April 1945

Schwere Luftangriffe auf den wichtigen Eisenbahnknotenpunkt Ansbach halten den Kampfkommandanten Oberst Ernst Meyer nicht davon ab, die Stadt bis zum Letzten verteidigen zu wollen.[22] Dies motiviert den 19-jährigen Philosophiestudenten Robert Limpert (1925–1945), die Universität Würzburg zu verlassen und in seine Heimatstadt zurückzukehren. Gemeinsam mit ehemaligen Klassenkameraden verfasst und verteilt er Flugblätter, die die Bevölkerung auffordern, weiße Fahnen zu hissen und die Stadt kampflos zu übergeben. Der Text der handgeschriebenen Plakate ist unmissverständlich:

> »Kein Ansbacher befolgt den neuen Zwangsbefehl der Nazi Henker! Reisst alle Plakate in Fetzen! Bleibt in euren Häusern! Wir verteidigen Ansbach nicht! Nur so retten wir unsere Familien und unsere Stadt! In einigen Tagen befreien uns die Amerikaner! Tod den Nazi-Verbrechern!«

Den Ansbacher Bürgermeister kann der engagierte Katholik Limpert damit überzeugen, den Kampfkommandanten nicht. Limpert durchtrennt daraufhin das Telefonkabel zwischen dem bereits aufgegebenen Kommandostand im Ansbacher Schloss und den Wehrmachtseinheiten außerhalb der Stadt. Zu seinem Unglück wird er dabei von zwei Hitlerjungen beobachtet, die ihn umgehend denunzieren. Limpert wird in seinem Elternhaus festgenommen, in einem kurzen Standgericht zum Tod verurteilt und von Oberst Ernst Mayer persönlich am Ansbacher Rathaustor erhängt. Wenige Stunden später erreichen US-Truppen den Tatort.

Der Täter wird im Dezember 1946 vom Amtsgericht Ansbach zu zehn Jahren Gefängnis verurteilt, aber bereits 1951 aus der Haft entlassen. Bereut hat er die Tat Zeit seines Lebens nicht.

Erst seit 1990 finden in Ansbach nach langen Kontroversen in der Bürgerschaft offizielle Gedenkfeiern für Robert Limpert statt. Die katholische Kirche hat Robert Limpert 1996 als Glaubenszeugen in das »Deutsche Martyrologium des 20. Jahrhunderts« aufgenommen.

Regensburg, 23. und 24. April 1945

Regensburgs Domprediger Dr. Johann Maier (1906–1945) gilt als stiller, aber konsequenter Gegner des Nationalsozialismus.[23] Seine Predigten werden von der Gestapo überwacht. Auch auf den Schwarzen Listen der SS steht er ganz oben. Jahrelang mischen sich nationalsozialistischen Spitzel unter die Zuhörer im Dom, stören Predigten und zerschneiden die Kabel der Mikrophone.

Am 22. April fordert Ludwig Ruckdeschel, SS-Brigadeführer und NSDAP-Gauleiter der Bayerischen Ostmark, die Verteidigung Regensburgs »bis zum letzten Mann«. Tags darauf versammelt sich eine große Menschenmenge am Moltkeplatz (heute Dachauplatz), um für eine kampflose Übergabe zu demonstrieren, zumal US-Panzerverbände bereits die Donau bei Dillingen überschritten haben. Domprediger Maier mischt sich unter die Menge, will beruhigen und mit dem NSDAP-Kreisleiter verhandeln. Dennoch werden er und einige weiterer Teilnehmer von Zivilpolizisten festgenommen. Der anwesende Gauleiter Ruckdeschel fordert die sofortige Erhängung der Festgenommenen an Ort und Stelle, wird aber zu einem Standgericht gedrängt. Dieses bestätigt am Abend die Todesurteile. Regensburgs Bischof Michael Buchberger (1874–1961) unterlässt jede Unterstützung und versteckt sich in einem Keller.

Am Morgen des 24 Aprils wird Maier zusammen mit dem 70-jährigen Josef Zürkl gehenkt. Um seinen Hals trägt er ein Pappschild mit der Aufschrift »Ich bin ein Saboteur.« Das rasche Urteil gegen Maier erweckt den Anschein, als habe man noch in letzter Minute die Gelegenheit der Vergeltung ergriffen. Ein Zeitzeuge erinnert sich:

> »Habt's das schon gehört, den Domprediger Maier haben sie aufgehängt! Ich war Kind, wir sind in den Kindergarten gegangen. Ich hab gesehen, wie er an einem Strick hing. Vorne ein großes Pappschild: Ich bin ein Saboteur! Ein zweiter hing neben ihm. Es wäre besser gewesen, wenn wir Kinder das nicht gesehen hätten.«[24]

KAPITEL 5

Der Kampf um Südbayern und die Freiheitsaktion Bayern (FAB)

5.1 Die militärische Zangenbewegung nach Süden

Die Niederlage Hitler-Deutschlands ist Anfang April 1945 offenkundig und unabwendbar. Hunderttausende von Wehrmachtssoldaten haben bereits kapituliert. Am 13. April besetzen sowjetische Truppen nach schweren Kämpfen Wien, tags darauf stoßen britische und US-amerikanische Alliierte in Italien über den Po nach Norden vor. Italienische Freischärler erschießen Benito Mussolini. Am 18. April besetzen die Amerikaner Düsseldorf, Magdeburg und Leipzig, die Sowjets Bautzen und Cottbus. Am gleichen Tag stoßen die US-Armee und die Rote Armee an der Elbe aufeinander. Hitler-Deutschland ist damit geschlagen und geteilt.

Am 20. April wird Nürnberg von US-General Patton eingenommen. Am 22. April besetzt die 1. Französische Armee Stuttgart, am 24. April zusammen mit US-Truppen Ulm. Hermann Göring setzt sich von Berlin nach Berchtesgaden ab, worauf ihn Hitler aller Ämter enthebt. Der Goldschatz der Reichsbank wird nach Murnau verschickt und ist seither verschollen. Heinrich Himmler lässt den Alliierten eine Teilkapitulation anbieten, was diese aber umgehend ablehnen. In einer großen

Zangenbewegung aus Norden und Westen rücken die Alliierten, darunter die 7. US-Armee nach Südbayern vor. In rascher Folge fallen Kempten, Kaufbeuren, Augsburg, Wolnzach und Ingolstadt. US-Flugblätter fordern die Bevölkerung zur Entwaffnung auf. München ist die letzte Großstadt, die nicht besetzt ist.

Trotz der jedermann offenkundigen totalen Niederlage geht das Morden rund um die weiße Fahne weiter. General Albert Kesselring wird Oberbefehlshaber Süd. Martin Bormann, zu dieser Zeit Reichsminister und Leiter der NSDAP-Kanzlei, beschwört am 24. April den Münchner Gauleiter Paul Giesler, seinen Gau »mit Rücksichtslosigkeit und Schärfe« zu verteidigen. Der oberbayerische »Werwolf« verteilt Flugblätter mit Wolfsangelzeichen und bedroht alle Aufgabewilligen mit Mord und Brandschatzung. Die große Befürchtung der südbayerischen Bevölkerung ist, Gauleiter Paul Giesler und die SS könnten einen sinnlosen Abwehrkampf um München anzetteln. An den frontnahen Landkreisen entstehen örtliche Bündnisse von Zivilverwaltung und Wehrmacht gegen Partei und SS. So ordnet Starnbergs Landrat Dr. Max Irlinger an, alle Aufrufe zum Widerstand, die nicht von der Wehrmacht kommen, zu ignorieren. In Großaitingen bei Augsburg entwaffnen Bürger den HJ-Volkssturm.

5.2 Der Beginn der Freiheitsaktion Bayern (FAB)

Ende April 1945, die Schlacht um Berlin ist im vollen Gange, erreichen die Bemühungen um eine friedliche Übergabe Bayerns auch militärische Kreise und eröffnen damit die Phase des bewaffneten Widerstands in der Schlussphase des Kriegs. In der Nacht vom 27. auf den 28. lässt Hauptmann Dr. Rupprecht Gerngross (1915–1996), Chef der Dolmetscherkompanie des Wehrkreises VII, in der Münchner Saarkaserne (später Stetten-Kaserne) seine Truppe antreten. Er entbindet sie von ihrem Eid auf den Führer. Dies ist der Beginn der Widerstandsaktion »Leonrod 3«, benannt nach dem von Nationalsozialisten ermordeten Widerständler Ludwig Freiherr von Leonrod (1906–1944) beziehungsweise »Fasanenjagd«, gemünzt auf die im Volksmund »Goldfasane« genannten NSDAP-Funktionäre.[25] Der in China geborene Rupprecht Gerngross studierte in München, London und Erlangen und war 1939 zur Wehrmacht eingezogen worden. Aufgrund einer Verwundung im Jahr 1941 galt er als nichtkriegsverwendungsfähig und wurde zur Dolmetscherkompanie nach München verlegt, die er ab 1942 leitet.

Erste Pläne für die Aktion »Fasanenjagd« gibt es auch andernorts. Aber erst im April 1945 finden sich Mitstreiter. Viele sind es nicht, auch Reichsstatthalter General Franz von Epp (1868–1947) zeigt sich distanziert. Er sollte über Epps Verbindungsoffizier Günther Caracciola-Delbück (1898–1945) von dem Plan überzeugt werden. Epp war zwar Mitglied der Volkspartei gewesen, hatte sich aber immer mehr zum Förderer der NSDAP entwickelt.

Anfänglich tragen rund 500 Soldaten und Zivilisten die Freiheitsaktion Bayern mit, darunter Freisinger Panzerjäger und Soldaten aus Gerngross' Münchner Saarkaserne (später Stetten-Kaserne) sowie Arbeiter der Münchner Firma Steinheil. Ihr Erkennungszeichen ist eine weiße Armbinde mit dem Aufdruck FAB. Vor der Aktion gibt es Kontakte mit US-General Patch, der gebeten wird, Luftangriffe auf München in diesen Stunden zu unterlassen. Alexander M. Patch (1889–1945) war General der US-Army und hatte im August 1944 das Kommando der 7. US-Armee übernommen. Nach der Operation »Dragoon« war er, von Südfrankreich kommend, auf Pattons 3. US-Armee gestoßen, die aus der Normandie kam. Patch hatte im Oktober 1944 seinen eigenen Sohn, der als Kompaniechef in der 79. US-Infanterie Division diente, im Kampf gegen die Deutschen verloren.

Am 28. April treffen Soldaten der FAB in Ismaning ein, entwaffnen eine Volkssturmeinheit und besetzen die Sendeanlage des Reichssenders München in Ismaning und München-Freimann. Von dort aus versucht Gerngross, Militärs und Zivilisten zur friedlichen Übergabe zu überreden. Seinen Kommandostand errichtet er an der Bahnbrücke Freimann. Seine Radiobotschaft, die eine Reichweite von rund 100 Kilometer hat und auch von zahlreichen Militärsendern der Alliierten aufgezeichnet und verbreitet wird, lautet:

> »Achtung, Achtung! Sie hören den Sender der Freiheitsaktion Bayern. [...] Beseitigt die Funktionäre der Nationalsozialistischen Partei. Die FAB hat heute Nacht die Regierungsgewalt erstritten!« Und: »Die FAB hat das Joch der Nazis in München abgeschüttelt.«

Der Aufruf beinhaltet ein 10-Punkte-Programm für die Nachkriegszeit, unter anderem die Errichtung einer Friedensordnung und eines deutschen Rechtsstaates. Ein Trupp der Freiheitsaktion Bayern fährt nach Pullach, um dort Kesselrings Stabschef General Westphal zu verhaften. Der Plan scheitert aber am erbitterten Widerstand der dortigen SS. Siegfried Westphal (1902–1982) war seit Februar 1943 Chef der Führungsabteilung beim Oberbefehlshaber Süd, Albert Kesselring. Auch der Versuch, Gauleiter Giesler in seinem Befehlsstand im Münchner Zentralministerium festzunehmen, scheitert. Nur Kreistagspräsident (entspricht heute dem Bezirkstagspräsidenten) und NSDAP-Funktionär Christian Weber kann verhaftet und nach Erding transferiert werden.

Der Aufruf der Freiheitsaktion zeigt kurzzeitigen Erfolg. An vielen Orten in Bayern werden weiße Fahnen gehisst und die Waffen ohne Kampfhandlungen niedergelegt, so zum Beispiel in Augsburg. An mehreren Orten Ober- und Niederbayerns werden NS-Funktionäre festgenommen. Einzelne Soldaten legen die Waffen nieder und tragen weiße Armbinden. An manchen Häusern und Kirchtürmen wird auch die weißblaue Bayernfahne oder die gelb-weiße Kirchenfahne gehisst. Einzelne Einheiten des Volkssturms, etwa in Dachau, schließen sich dem Aufstand an, andere werden zu Handlangern des Rachefeldzugs.

> **Stichwort: Volkssturm**
>
> Im September 1944 wurden auf Erlass Hitlers alle in der Heimat verbliebenen Männer von 16 bis 60 Jahren in einen »Volkssturm« einberufen, um »den Heimatboden mit allen Waffen und Mitteln zu verteidigen«. Die Aufstellung des Volkssturms übernahmen die jeweiligen NSDAP-Gauleiter, Kampfhandlungen sollten von der SS geführt werden. Damit waren rund sechs Millionen Männer der Jahrgänge 1884 bis 1924 volkssturmpflichtig.

5.3. Das Scheitern der Freiheitsaktion und ihr blutiges Ende in München

Trotz kleiner Erfolge scheitert die Aktion und hat schreckliche Folgen. NSDAP-Gauleiter Paul Giesler kann noch letzte militärische Kräfte mobilisieren und zum Gegenschlag ausholen. Es gelingt ihm, einige Garnisonstruppen (eventuell die SS-Division Nordmark) und Polizeieinheiten zu mobilisieren. Die an der Besetzung der Sendeanlagen beteiligten FAB-Leute fliehen in alle Richtungen. Gegen 8 Uhr trifft SS-Obergruppenführer Generalleutnant Dr. Rudolf Hübner (1897–1965), von General Albert Kesselring zum Chef aller fliegenden Standgerichte und zum Kampfkommandanten ernannt, in der Münchner Stadtkommandantur ein und leitet unmittelbar Gegenmaßnahmen ein. Teile der schon abziehenden 17. SS-Panzergrenadierdivision und der SS-Panzerdivision »Wiking« kehren nach München zurück. Um 9.56 Uhr sendet der Sender Freimann einen Gegenaufruf Gieslers, wonach der Aufstand »einiger verachtungswürdiger Schurken« niedergeschlagen sei.

Fanatische Offiziere und Freikorpssoldaten beginnen mit der Verfolgung aller Personen mit weißen Armbinden. In München werden Verfolgung und Hinrichtungen vor allem von Mitgliedern des III. Volkssturm-Bataillons z.b.V. (zur besonderen Verwendung) unter Alfred Salisco (an anderer Stelle auch Salisko, Jahrgang 1894) durchgeführt. Die rund 100 Mitglieder dieser Einheit unterstehen direkt Gauleiter Giesler und sind im Tiefbunker des Prinz-Carl-Palais in der Königinstraße, teilweise auch in der Saarkaserne (später Stetten-Kaserne) stationiert. Zahlreiche Einmarschberichte von katholischen Pfarrer nehmen Bezug auf die Freiheitsaktion, hier zwei Beispiele:

München, St. Benedikt (Schwanthalerhöhe), Stadtpfarrer Johann B. Lautenschlager, Montag, 30. April 1945

> »Unser Stadtteil war der erste, der bereits am 27. April auf die Nachrichten der FAB hin weiß und weiß-blau reich beflaggte. Sonst waren in München um diese Zeit keine Flaggen zu sehen. Sie wurden aber bald wieder eingezogen.«[26]

München, Heilig-Kreuz-Kirche (Giesing), Stadtpfarrer Joseph Mock

> »Am Morgen des 28. April hörte man den Sender der Freiheitsaktion Bayern (F. A. B.), worauf vielfach weiße Fahnen als Übergabe an die rasenden [?] Amerikaner an den Fenstern gehisst wurden. Die Nazi versuchten es zu verhindern und SS-Männer schossen in diese Fenster. In der Tegernseer Landstraße wurde Ober-

wachtmeister N.N. lebensgefährlich angeschossen, ein Straßenbahnbeamter Kistler erschossen.«[27]

Ein »dies ater« der bayerischen Geschichte beginnt. Hauptmann Gerngross kann nach Landshut entkommen, mehrere Mitstreiter nicht. Auf Seiten der Nationalsozialisten sterben vier Menschen, nämlich in Dachau, Allach, Sendling und am Münchner Gärtnerplatz. Um 14 Uhr ist der Putsch gescheitert. Auf ganz Oberbayern gerechnet haben sich an der Freiheitsaktion Bayern rund 500 Personen beteiligt. 40 bis 60 Menschen, je nach Berechnung, haben diesen Einsatz mit dem Leben bezahlt. Sie werden Opfer der Racheaktionen der Nationalsozialisten, nur Stunden vor der Befreiung. Im Einzelnen kommt es zu folgenden Racheaktionen und Hinrichtungen:

München, Zentralministerium (heute Bayerisches Landwirtschaftsministerium, Ludwigstraße 2), 28. April 1945

Im Wirtschaftshof des Zentralministeriums werden am 28. April Rathausinspektor Hans Scharrer (1892–1945) und Major Günther Caracciola-Delbrück (1898–1945) in Anwesenheit von Giesler und Hübner von fünf Volkssturmmännern erschossen. Beiden wird eine direkte Verbindung mit der FAB vorgeworfen. Tags darauf wird auf gleiche Weise Maximilian Roth (1899–1945) hingerichtet. Weitere Taten sind nach wie vor nicht im Letzten geklärt. Vermutlich wird auch der desertierte Soldat Heinrich Gerns (1923–1945) im Zentralministerium erschossen und zusammen mit anderen Leichen in einen Bombentrichter im Perlacher Forst verscharrt. Seine Leiche wird am 25. Oktober 1945 exhumiert.[28]

Eine 1984 im Innenhof des heutigen Landwirtschaftsministeriums angebrachte Gedenktafel listet zudem folgende Opfer auf: Harald Dohrn, Hans Quecke, Joseph Mittermeier, Johann Pohlen und Karl Rupperti.

München, Perlacher Forst, 28./29. April

Nach Zusammenbruch der FAB finden im Perlacher Forst auf Anordnung von Gauleiter Paul Giesler Massenerschießungen statt. Genannt werden Opferzahlen von 150 bis 200. Fast alle Opfer stehen in Zusammenhang mit der Freiheitsaktion Bayern. Ausübende der Mordtaten sind Mitglieder des Freikorps Zöberlein.

Opfer der Massenexekutionen im Perlacher Forst werden auch Harald Dohrn (1885–1945) und Hans Quecke (1901–1945). Dohrn entstammt einer angesehenen Gelehrtenfamilie. Er leitet ein kleines Sanatorium in Bad Wiessee und ist Schwiegervater von Christoph Probst, einem prominenten Mitglied der studentischen Widerstandsgruppe Weiße Rose. Mit Christoph Probst und den Geschwistern Scholl tauscht sich Harald Dohrn oft über die Pflicht zum Widerstand aus christlicher Verantwortung aus. Sein geistiger Einfluss auf die Aktionen der Studenten ist nicht zu unterschätzen. Nach der Enttarnung der Weißen Rose kommt auch Dohrn in Haft. Da es keine konkreten Beweise gegen ihn gibt, wird er freigelassen. In den Schaltzentralen der NS-Diktatur wird das Umfeld der Weißen Rose bis zum Kriegsende beobachtet. Als die Sender Erding und Freimann die Aufrufe der FAB verbreiten, bekennt sich Dohrn in München und Bad Wiessee öffentlich zum Widerstand. Seit seiner Konversion aus dem Judentum ist Dohrn aktiver Katholik. Endlich sieht er die Stunde des Friedens gekommen. An seinem Haus am Tegernsee lässt er die weiße Fahne anbringen. Herta Siebler-Probst, Tochter von Harald Dohrn, erinnert sich im Jahr 2007:

> »Mein Vater war fast euphorisch. Er hisste die weiße Fahne und lief auf die Straße. Er konnte den Mund ja nicht halten. Sein Sanatorium war von den NS-Frauenschaft beschlagnahmt. Die Frau, die das Heim

> geführt hat, hat ihn denunziert. Den Verlust des Vaters können wir bis heute nicht überwinden. Es geht nicht!«[29]

In dieser Situation schlägt für die SS die Stunde der Rache. Zusammen mit seinem Schwager, dem Ministerialrat Hans Quecke, fällt Harald Dohrn in die Hände des berüchtigten Gauleiters Paul Giesler, der bis zum Einmarsch der Amerikaner noch über 150 unschuldige Bürger wegen Hissens der weißen Fahne ermorden lässt. Dohrn und Quecke werden in den Perlacher Forst gebracht und durch Genickschüsse getötet. Die ersten Panzerkolonnen der Alliierten sind bereits in der Innenstadt Münchens.

Stichwort: Freikorps Zöberlein

Hans Zöberlein war ein nationalsozialistischer Schriftsteller und frühes Mitglied von NSDAP und SA, in der er bis zum Brigadeführer aufstieg. Auch das Freikorps Adolf Hitler, bestehend aus rund 600 Mann, hörte auf sein Kommando. Als selbsternannter Anführer eines Werwolf-Kommandos war er für das Massaker von Penzberg mitverantwortlich. 1948 wurde er dafür zum Tod verurteilt, ein Urteil, das später in eine Haftstrafe umgewandelt wurde. 1958 entließ man ihn aus gesundheitlichen Gründen aus der Haft. Zöberlein starb 1964 in München.

5.4 Eskalierende Folgeaktionen in Ober- und Niederbayern am 28. April 1945

Ebrantshausen (Landkreis Kelheim), 28. April

Am 28. April eskaliert auch in Ebrantshausen bei Kelheim die Situation. Pfarrer Augustin Wagner (1898–1945) lässt kurz vor dem Einzug der Amerikaner die weiße Fahne auf dem Kirchturm hissen, was von SS-Obersturmführer Walter Hopf (geb. 1920) bemerkt wird. In der folgenden Nacht wird der Pfarrer von SS-Männern mit vorgehaltenen Gewehren festgenommen und entführt. Nach Einnahme des Ortes durch die US-Armee suchen die Bewohner Ebrantshausens nach ihrem beliebten Seelsorger, aber vergeblich. Erst zwei Monate später findet ein Waldbesitzer die Leiche des Pfarrers. Es war durch einen Genickschuss getötet worden.[30]

1950 kam es zu einer Verhandlung in Landshut. SS-Obersturmführer Hopf und SS-Untersturmführer Ludwig Metzger (geb. 1914) gaben die Tötung zu, beriefen sich aber auf Befehlsnotstand. Hopf wurde für fünf Jahre und Metzger für drei Jahren ins Gefängnis geschickt.

Dachau (gleichnamiger Landkreis), 28. April

Bereits am 25. April war es den beiden ehemaligen KZ-Häftlingen Georg Scherer (1906–1985) und Walter Neff (1909–1960), gelungen, 15 Mithäftlingen zur Freiheit zu verhelfen und sie in einer Scheune bei Mitterndorf zu verstecken. Außerdem suchte man nach Wegen, die geplante Sprengung der Amperbrücken durch bereits anwesende Wehrmachtspioniere zu verhindern. Eine zweite Gruppe um den Sozialdemokraten Jakob Schmid (1868–1957) hatte seit Anfang April darüber beraten, wie eine zerstörerische Verteidigung der Stadt im Endkampf verhindert werden könnte. Zusammen mit dem ehemaligen Funktionär der Republikschutzorganisation Schwarz-Rot-Gold, Georg Andorfer (1898–1968) hatten sie erfolgreich Kontakt zum Dachauer Volkssturm und zur Dachauer Polizei aufgenommen, die im Fall eines Aufstandes Zurückhaltung signalisierten.[31]

Der Aufruf der FAB am 28. April setzt beide Gruppen unter akuten Zugzwang. Die US-Truppen stehen noch einen Tagesmarsch zu weit entfernt. Jetzt aber müssen alle Aufständischen Kontakt zueinander aufnehmen und losschlagen. Gemeinsam mit der Dachauer Volkssturm-Kompanie besetzen sie, 20 bis 30 Mann, gegen 8 Uhr das Rathaus. Heinrich Niederhoff, ein bewaffneter SA-Mann wird bei einem Handgemenge erschossen. Er ist damit erster und einer der wenigen Opfer der FAB auf nationalsozialistischer Seite.

Dann aber wird ein zufällig im Brauereigasthof »Hörhammer« wohnender, auswärtiger SS-Offizier auf den Tumult aufmerksam. Er alarmiert die im Lager Dachau verbliebenen SS-Einheiten, die schwer bewaffnet anrücken. Man spricht von drei Kompanien, ausgerüstet mit Maschinengewehren und

Handgranaten. Die SS umzingelt die Aufständischen, stellen sie an die Wand der dem Rathaus gegenüberliegenden Häuserzeile und eröffnen das Feuer. Sieben Personen werden auf diese Weise hingerichtet. Die Leichen müssen zur Abschreckung bis zum Sonnenuntergang liegen bleiben.

Von den ehemaligen KZ-Häftlingen werden ermordet:

- Erich Hubmann (1912–1945), kämpfte auf Seiten der Republik gegen das faschistische Franco-Regime und wurde 1940 in das Konzentrationslager Dachau verschleppt.
- Anton Hackl (1911–1945), kämpfte ebenfalls auf Seiten der Republik gegen das faschistische Franco-Regime und wurde 1941 in das Konzentrationslager Dachau verschleppt.
- Fritz Dürr (1904–1945), bekennender Kommunist, verbrachte zehn Jahre seines Lebens in NS-Zuchthäusern und Konzentrationslager, davon sieben Jahre im Konzentrationslager Dachau.
- Von Seiten der Dachauer Arbeiterschaft stirbt Johann Pflügler (1909–1945).
- Aus dem Kreis des Volkssturms werden Lorenz Scherer (1900–1945) und Anton Hechtl (1905–1945) hingerichtet.
- Zudem wird Anton Decker, ein Zimmermann, erschossen, der nur zufällig am Ort des Geschehens ist.
- Die ehemaligen KZ-Häftlinge Jakob Schmid und Georg Scherer sowie Georg Andorfer und einige andere Beteiligte überleben. Am 29. April besetzt die US-Armee Dachau. Georg Scherer wird später zweiter Bürgermeister der Stadt Dachau.

Erding (gleichnamiger Landkreis), 28. April

Kreistagspräsident und NSDAP-Funktionär Christian Weber (1883–1945), der kurzzeitig von der FAB verhaftet und nach Erding transferiert werden konnte, wird von der SS befreit und lässt umgehend den an seiner Verhaftung beteiligten Rathausinspektor Hans Scharrer erschießen.[32]

Burghausen (Landkreis Altötting), 28. April

Eine rund 200 Mann starke, bewaffnete Gruppe von Arbeitern der Wacker-Werke entwaffnen 40 Nationalsozialisten und nehmen vier von ihnen, die eine Zerstörung der Betriebsanlagen planen, fest.[33] Verhandlungen mit der Werksleitung ergeben, dass das Werk dem Schutz der Wehrmacht unterstellt werden soll und die Aufständischen straffrei bleiben. Diese Vereinbarung aber wird nicht eingehalten. Der NSDAP-Kreisleiter Fritz Schwägerl (1893–1945) kann einen SS-Trupp mobilisieren. SS-Untersturmführer Fritz Otto Albrecht (Jg. 1923) von der Kampfgruppe Trummler kommt mit sechs SS-Soldaten nach Burghausen und erschießt drei der Beteiligten persönlich durch Genickschüsse: Jakob Scheipel (1893–1945), Ludwig Schön (1883–1945) und Josef Stegmair (1886–1945).

München-Grünwald, 28. April

An der Grünwalder Isarbrücke wird der Wehrmachtsstabsarzt Dr. Thomas Max, der eine Sprengung der Brücke verhindern will, auf offener Straße vom NS-Volkssturmführer Friedlich Ehrlicher (1908–1993) erschossen.[34] Max ist Adoptivsohn des Künstlers Colombo Max, der wiederum Sohn des Historienmalers Gabriel von Max (1840–1915) ist. Dr. Thomas Max hinterlässt eine junge Ehefrau und zwei kleine Kinder. Auch der französische Zivilarbeiter Lucien Merlin (1911–1945) findet den Tod. An der Widerstandsaktion sind insgesamt acht Grünwalder Bürger und zehn französische Arbeiter beteiligt.

München-Giesing, 28. April

Wegen Hissens der weißen Fahne wird der Straßenbahnbeamte Anton Kistler (1899–1945) hingerichtet.[35]

Landshut, 28. April

In Landshut besetzt eine vierköpfige Gruppe das Rathaus[36] und setzen dortige Gestapo-Beamte fest. NSDAP-Gauleiter Ludwig Ruckdeschel (1907–1986) kann ihre Befreiung organisieren und lässt Regierungs- und Gewerberat Dr. Franz Seiff (1899–1945) ohne Standgericht durch SS erhängen. Ruckdeschel hat unter anderem auch die Erhängung von Domprediger Dr. Johann Maier zu verantworten. Wegen dieser Tat wird er 1947 zu acht Jahren Haft verurteilt. Nach fünf Jahren vorzeitig entlassen, findet er eine Anstellung als Gästeführer für prominente Gäste bei VW in Wolfsburg.

Mering (damals Landkreis Friedberg, Oberbayern), 28. April

Wegen Unterstützung der FAB und Hissens der weißen Fahne wird der Kaufmann Andreas Wunsch (1896–1945) von der SS hingerichtet. Verantwortlich ist der Augsburger Polizeipräsident und SS-Brigadeführer Friedrich Wilhelm Starck (Jg. 1891). In der Tasche der Leiche wird ein Zettel gefunden mit den Zeilen »Wer seinem Volk untreu wird, fällt durch uns Werwölfe!«[37]

Götting bei Bad Aibling (Oberbayern), 28. April

In dem kleinen Ort Götting bei Bad Aibling wird am 28. April die Hitlerfahne aus dem Kirchturm geworfen und verfängt sich in der Dachrinne. Stattdessen erscheint die weiß-blaue Fahne Bayerns. Doch das Dorf ist noch von flämischen SS-Einheiten besetzt. Ihre Vergeltung lässt nicht lange auf sich warten. Pfarrer von Götting ist Josef Grimm (1900–1945). Seit einiger Zeit macht in der Pfarrei das Gerücht die Runde, dass er von den Plänen einiger Dorfbewohner weiß, die verhassten SS-Leute zu entwaffnen. Doch die SS kommt den Männern mit brutaler Härte zuvor.[38] Joseph Wörndl, Zeitzeuge, erinnert sich:

> »Am Nachmittag kamen SS'ler mit Maschinenpistolen. Ich wollte mich losreißen, aber sie haben uns im Nebenzimmer des Ederwirts verhört. Einer sagte, er habe als Hitlerjunge schon einen Pfarrer erschossen. Das war ein ganz Rabiater. Dann hörten wir einen Schuss. Den Lehrer habe ich am Boden liegend gesehen. Dann haben sie den Pfarrer weggebracht. Sie haben ihn im Wald misshandelt und erschossen Er muss fürchterlich geschrien haben.«[39]

SS-Obersturmführer Josef Bachot (Jg. 1920) verhört einige Göttinger und lässt dann Pfarrer Grimm und auch den mitverdächtigen Hauptlehrer Georg Hangl (1889–1945) verhaften. Hangl wird auf der Stelle hinterrücks von SS erschossen, Grimm wird unter dem Vorwand, ihn dem Staatssicherheitsdienst zu übergeben, in ein Auto verbracht. Tags darauf wird die Leiche Grimms in einem Waldstück bei Götting gefunden. Sie weist schwerste Misshandlungen auf: Messerstiche im Nacken, abgerissene Fingernägel, eingeschlagene Zähne. Vor den tödlichen Genickschüssen sollen die SS-Leute dem Priester noch die Zunge herausgerissen haben. Nach seiner Hinrichtung wird Pfarrer Grimm notdürftig verscharrt. Die Täter verschaffen sich Zivilkleidung und flüchten. Auch der Einmarschbericht von Pfarrer Johann Schuler, Bad Aibling, verweist auf den Fall:

> »Auf Veranlassung seines Lehrers hisste Pfarrer Grimm die bayerische Fahne, worauf die in Götting einquartierten SS-Soldaten nach München berichteten, von woher eine Abordnung kam mit dem Befehl, den Pfarrer zu töten, was auch in bestialischer Weise geschah.«[40]

Der Hauptverantwortliche der belgische SS-Obersturmführer Josef Bachot taucht unter falschem Namen unter und kann erst 1961 festgenommen werden. 1963 kommt es vor dem Landgericht Traunstein zu einem Prozess. Die Tötung des Lehrers wird nicht geahndet, die des Pfarrers zuerst mit sieben, dann mit drei Jahren bestraft. Durch die Untersuchungshaft gilt die Strafe als verbüßt. Der Hauptangeklagte verlässt das Gerichtsgebäude als freier Mann.

Penzberg (Landkreis Weilheim-Schongau), 28. April

In der oberbayerischen Bergarbeiterstadt Penzberg wird über die Übergabe des Bergwerks verhandelt.[41] Der frühere SPD-Bürgermeister Johann Rummer (1880–1945) und zwei Bürger wollen eine angeordnete Sprengung verhindern. Der Vorgang wird Oberst Berthold Ohm (Jg. 1893), dem Kommandanten des 22. Werferregiments, hinterbracht, der das Rathaus umstellen lässt. Stadtkommandant Hauptmann Kurt Bentrott lässt alle im Bürgermeisterzimmer Versammelten verhaften. Nach Absprache mit NSDAP-Gauleiter Paul Giesler wird der ehemalige Bürgermeister und sechs Mitverurteilte vor der Stadt erschossen. Mit Johann Rummer sterben Ludwig März, Rupert Höck, Hans Dreher, Paul Badlehner, Michael Boos und Michael Schwertl. Sie werden an Ort und Stelle in einer Grube verscharrt.

Die von Giesler nach Penzberg beorderte Schläger- und Mördertruppe, die sich »Werwolf-Kompanie Zöberlein« nennt, nimmt wenig später mehrere »Verdächtige« in ihren Wohnungen fest, spricht eigenmächtige »Urteile im Namen des Volkes« und erhängt zwei Ehepaare und vier Männer an Balkonen und Bäumen. Oberstleutnant Paul Berndfeind gibt als selbsternannter Vorsitzender eines »Fliegenden Standgerichts« seine Erlaubnis dazu.

Gottlieb Beholasek (oder Belohlawek) (1897–1945) und Franz Biersack (1896–1945) werden am Balkon eines Nachbarhauses gehenkt, Johann Summerdinger (1899–1945) an einem Baum vor dem Rathaus. Der Bergmann Josef Kastl (1905–1945) wird so schwer verwundet, dass er tags darauf stirbt. Agathe Fleissner (1904–1945) und Xaver Fleissner (1900–1945), die schwangere Therese Zenk (1900–1945) und Johann Zenk (1899–1945) werden gegenüber dem Rathaus gehenkt.

Des Weiteren werden getötet: Paul Badlehner (1899–1945), Michael Boos (1888–1945), Johann Dreher (1895–1945), Albert Grauvogel (1901–1945), Rupert Höck (1891–1945), Ludwig März (1897–1945), Michael Schwertl (1901–1945), und Johann Summerdinger (1899–1945).

Die Aktion geht als »Mordnacht von Penzberg« in die Geschichte ein. Sie ist auch als späte Racheaktion zu bewerten, da sich die Nationalsozialisten in der Arbeiterstadt Penzberg immer schwergetan hatten, Fuß zu fassen. In SPD und KPD sah die NSDAP hasserfüllt ihren stärksten Feind. Zahleiche Penzberger waren schon ab 1933 im Konzentrationslager Dachau in sogenannte Schutzhaft genommen worden. Die Werwolfgruppe Zöberlein hatte bei ihrem Eintreffen in Penzberg bereits Listen mit den Namen von 120 unliebsamen Regimegegnern bei sich. Auch Penzberger Bürger beteiligen sich an dem Massaker.

1947 und 1948 kommt es zu einem Prozess gegen einige Tatbeteiligte wegen 16-fachen Mordes und Beteiligung. Zwei Angeklagte erhalten die Todesstrafe, zwei lebenslänglich Zuchthaus, fünf Gefängnisstrafen. Elf Volkssturmmänner werden freigesprochen, da ihnen kein konkretes Verbrechen zugeordnet werden konnte. Mehrere daraufhin folgende Revisionsverfahren enden mit Freisprüchen, auch die von Oberstleutnant Berthold Ohm.

Der Untersuchungsrichter beim Landgericht München II, Landgerichtsrat Dr. Nikolaus Naaff, ist einer der wenigen Richter, der sich um eine angemessene Verurteilung von NS-Tätern bemüht. Er quittiert resigniert den Dienst.

Iffeldorf (Landkreis Weilheim-Schongau), 28. April

In Iffeldorf erschießt die SS den kriegsversehrten Oberleutnant Erwin Steiger (1909–1945) wegen Entwaffnung von NSDAP-Funktionären. Weitere sechs Beteiligte überleben. Verantwortlich ist der fanatische Ortskommandant Oberst Wilhelm Günther (Jg. 1894).[42]

Altötting (gleichnamiger Landkreis), 28. April

Seit dem Ersten Weltkrieg ist die alte Wallfahrt von Altötting in neuer Blüte. Die Nationalsozialisten beobachten das rege Treiben mit Häme und Hass. Vor allem die Heiligsprechung des Altöttinger Kapuzinerbruders Konrad von Parzham im Jahr 1934 betrachten sie als Provokation. Und auch, dass mitten im Nationalsozialismus Wallfahrer aus ganz Bayern zur Muttergottes von Altötting pilgern. »Ich bin erst glücklich, wenn ich mich im Staub der Wallfahrtskapelle wälzen kann!«, tönt der NSDAP-Kreisleiter. Als die Geschütze der Amerikaner schon zu hören sind, nutzen die Nationalsozialisten ihre letzte Chance. Sie lassen rund um die Kapelle Schützengräben ausheben, um den Beschuss des Heiligtums zu provozieren.

Die Amerikaner sind unschlüssig. Vorerst ziehen sie ihre Kräfte rings um die Stadt zusammen. Die Anforderung von militärischer Luftunterstützung wird erwogen. Sie wäre das Ende des Wallfahrtsortes Altötting. Eine kleine Gruppe mutiger Männer, darunter der Lagerhausverwalter Hans Riehl (1902–1945), beobachtet seit Tagen die Entwicklung mit größter Sorge. Mit äußerster Vorsicht treten die Männer von Altötting zu ihren konspirativen Treffen zusammen, Einzelheiten ihrer Aktionen im Schatten der heiligen Kapelle sind bis heute nicht geklärt. Leiter der 18-köpfigen Widerstandsgruppe ist der amtierende Landrat, Regierungsrat Josef Kehrer (1909–1945). Als Studienfreund von Hauptmann Gerngross ist er über dessen Freiheitsaktion unterrichtet. Auch Altöttings Stiftsdekan Adalbert Vogl wird in die Vorgänge hineingezogen.[43]

Zunächst gelingt es der kleinen Gruppe, den NSDAP-Ortsgruppenleiter Karl Stubenhofer (Jg. 1900) und fünf weitere Nationalsozialisten in Arrest zu setzen. Der Bürgermeister von Neu- und Altötting nimmt sich das Leben, als er von den Vorgängen erfährt. Alarmierte Wehrmachtsoffiziere und SS-Funktionäre unter Führung von Oberstleutnant Karl Kaehne (1899–1969) aus dem Offizierslazarett Neuötting gelingt es indes, die inhaftierten Gesinnungsfreunde zu befreien. Ihre Rache folgt umgehend. Landrat Kehrer wird bei seiner Festnahme von einem Oberstleutnant des Heeres und Ritterkreuzträger erschossen oder zum Suizid gezwungen. Am frühen Nachmittag trifft der NSDAP-Kreisleiter Fritz Schwägerl (1893–1945), begleitet von rund 100 Mann der SS-Kampfgruppe Trummler unter Führung von SS-Sturmbannführer Dr. Heinrich Schilling (Jg. 1906) in Altötting ein.

Das Kapuzinerkloster St. Magdalena und andere kirchliche Gebäude werden gestürmt. Wer nicht fliehen kann, wird in den Innenhof des Landratsamtes getrieben und durch Genickschuss getötet. Während ringsum die amerikanischen Truppen ihren Angriffsbefehl erwarten, will die SS in dieser verhassten

Stadt noch ein Exempel statuieren. Als sich vor den Toren Altöttings eine Gruppe von Bürgern für die friedliche Übergabe der Stadt einsetzen will, greifen SS-Soldaten willkürlich einen Elektromonteur heraus und erschießen ihn auf der Stelle. Ein weiteres Opfer ist Max Strofinger (1904–1945), der dazu aufruft, die verordnete Verdunkelung Altöttings aufzuheben und von Wehrmachtsoffizieren erschossen wird.

Dem Einsatz der Altöttinger Widerstandsgruppe ist es zu verdanken, dass Bayerns bekannteste Wallfahrtsstätte erhalten bleibt. Kirchliche und staatliche Stellen haben das immer wieder gewürdigt. Manchen Hinterbliebenen aber bleibt nur Bitterkeit. Sie geraten in materielle Not und werden Ziel von Anfeindung und Ausgrenzung. Denn auch die Familien der Täter wohnen weiter in Altötting. Hans Riehl jr., Sohn des ermordeten Lagerhausverwalters Hans Riehl und Bruder des späteren SZ-Redakteurs Herbert Riehl-Heyse erinnert sich 2007:

> »An diesem Samstagsabend ist in der Familie Riehl natürlich viel geweint worden. Aber später haben wir erfahren, dass es in anderen Familien in der gleichen Straße hoch herging. Dort wurde gelacht und gesoffen und der große Sieg über die Nazi-Gegner gefeiert.«

Insgesamt sterben beim Altöttinger Aufstand:

- Josef Bruckmeier (1896–1945), Mühlenbesitzer
- Josef Kehrer (1909–1945), Landrat
- Hans Riehl (1902–1945), Lagerhausverwalter
- Stefan Schneiderbauer (1898–1945), Landwirt
- Johann Spethling (1876–1945), Gerichtsvollzieher
- Martin Seidel (1898–1945), Verwaltungsoberinspektor
- Adalbert Vogl (1890–1945), Geistlicher, Stiftsdekan
- Adam Wehnert (1890–1945), Buchhändler

Die Urteile des Landgerichts Traunstein im Jahr 1948 lauten:

- SS-Oberstleutnant Karl Kaehne: Freispruch
- SS-Sturmbannführer Werner Hersmann (Jg. 1904): 8 Jahre Zuchthaus
- SS-Hauptsturmführer Olaf Sigismund (Jg. 1909): 5 Jahre Zuchthaus
- Schilling und Kruse können nicht mehr aufgefunden werden.

Stichwort: Befehlsnotstand

Zahlreiche, wegen Kriegsverbrechen angeklagte SS- oder Wehrmachtssoldaten sowie NSDAP-Funktionäre räumten keinerlei persönliche Schuld ein, da sie vermeintlich unter Befehlsnotstand gestanden hätten. Wenn sie, so argumentierten sie, Befehle der Vorgesetzten nicht ausgeübt hätten, hätte ihnen selbst Gefahr für Leib und Leben gedroht. Tatsächlich folgten zahlreiche Richter dieser Argumentation und wandten das Prinzip der Strafmilderung an. In der Öffentlichkeit führte diese Praxis zu scharfen Protesten, zumal die historische Forschung kaum Fälle aufdeckte, in denen Widerstand gegen verbrecherische Befehle tatsächlich zu Hinrichtungen des Betroffenen geführt hätte.

SCHWEIG
UNSER
VERBRE
GESCHLEC
IN EINEM
GROSSEN

Aachen:
Gedenk-Stelen
in der heutigen
Oppenhoffallee

Ansbach:
Gedenktafel für
Robert Limpert
an dessen
Geburtshaus

ohnte

LIMPERT

18. April 1945

vissen
e Gewalt
er
alistischen
chts

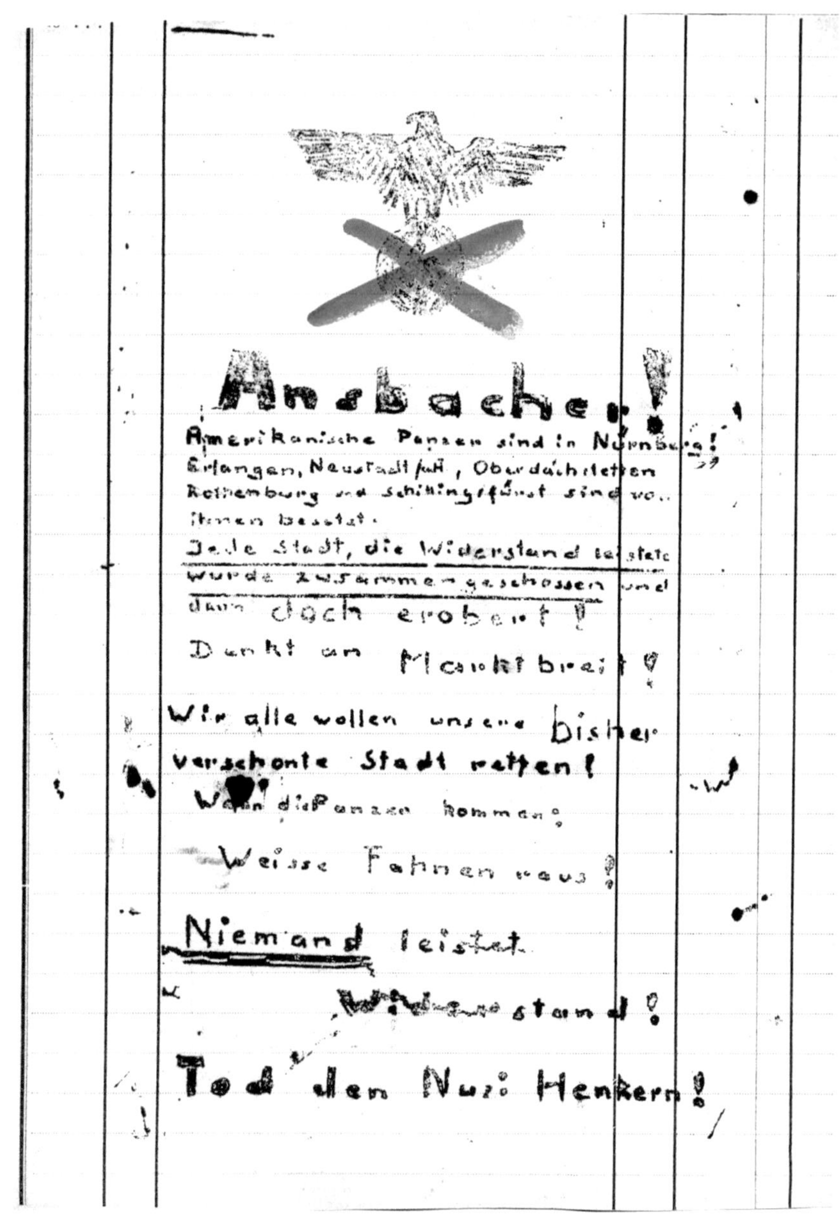
Ansbacher!
Amerikanische Panzer sind in Nürnberg!
Erlangen, Neustadt/Aisch, Oberdachstetten
Rothenburg und Schillingsfürst sind von
ihnen besetzt.
Jede Stadt, die Widerstand leistete
wurde zusammengeschossen und
dann doch erobert!
Denkt an Marktbreit!
Wir alle wollen unsere bisher
verschonte Stadt retten!
Wenn die Panzer kommen:
Weisse Fahnen raus!
Niemand leistet
Widerstand!
Tod den Nazi Henkern!

Ansbach: Flugblatt von Robert Limpert vom April 1945

Ansbach: Weiteres Flugblatt von Robert Limpert

ZUR ERINNERUNG AN DEN WIDERSTAND
DER FREIHEITSAKTION BAYERN UND DIE OPFER
DER NATIONALSOZIALISTISCHEN GEWALTHERRSCHAFT.
IN DIESEM GEBÄUDE, DEM EHEMALIGEN
ZENTRALMINISTERIUM, UND IM PERLACHER FORST
WURDEN AUF BEFEHL DER
GAULEITUNG MÜNCHEN – OBERBAYERN
AM 28. UND 29. APRIL 1945 ERMORDET:
GÜNTHER CARACCIOLA – DELBRÜCK, HARALD DOHRN,
HEINRICH GERNS, JOSEPH MITTERMEIER,
JOHANN POHLEN, HANS QUECKE, MAXIMILIAN ROTH,
KARL RUPPERTI, JOHANN SCHARRER.

Erinnerungstafel im Innenhof des heutigen Landwirtschaftsministeriums in München

Bad Wiessee:
Gedenkkreuz für
Harald Dohrn

Gedenktafel für Domprediger Dr. Johann Maier im Regenburger Dom

Erinnerungstafel für die Opfer in Bad Wiessee

Gedenk-Areal
im Friedhof am
Perlacher Forst

Grab der
Geschwister Scholl
im Friedhof am
Perlacher Friedhof

Licht
TFREIHEITFREIHE

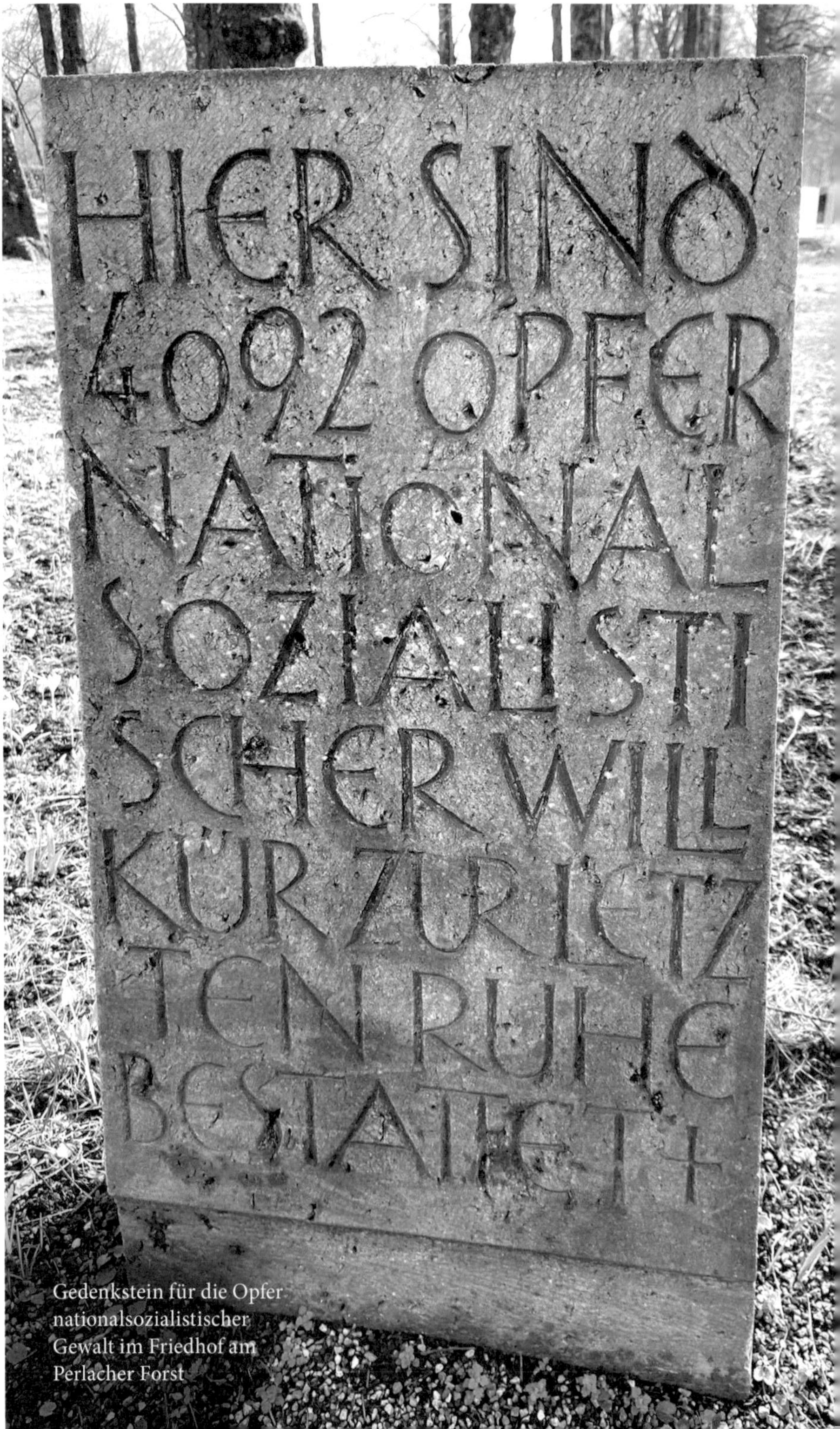

Gedenkstein für die Opfer nationalsozialistischer Gewalt im Friedhof am Perlacher Forst

Gedenktafel
am Dachauer
Rathausplatz

Burghausen: Die Opfer Ludwig Schön, Jakob Scheipel und Josef Stegmair

Marterl für den getöteten Arzt Dr. Thomas Max in Grünwald

Gedenkkreuz an
der Todesstelle
Pfarrer Josef
Grimms im Wald
bei Götting

Gedenkstein für den getöteten Lehrer Georg Hangl im Wald bei Götting

Gedenkausstellung im Museum Penzberg

Paul Badlehner

Denkmal an
der Pfarrkirche
Götting

Gedenkskulptur am Tatort der Penzberger Mordnacht

Auch ein Straßenname erinnert an die Penzberger Mordnacht

RUMMER HANS
MÄRZ LUDWIG
BADLEHNER PAUL
BELOHLAWEK GOTTLIEB
HÖCK RUPERT
SCHWERTL MICHAEL
SUMMERDINGER JOHANN
B'ERSACK FRANZ
BOOS MICHAEL
FLEISSNER XAVER
FLEISSNER AGATHE
KASTL JOSEF
GRAUVOGL ALBERT
ZENK JOHANN
ZENK THERESE
DREHER JOHANN

Die Namen
der Penzberger
Opfer

Altötting: Der leidende Christus als Gedenkfigur an die Mordtat von 1945

Bad Reichenhall: Gedenktafel für den getöteten Bürgermeister Franz Schwaiger

KAPITEL 6

Der endgültige Zusammenbruch

Nachdem die feindliche Luftwaffe am 28. April tatsächlich wenig Angriffe auf München geflogen hat, kommt es am 29. zum finalen Angriff der alliierten Streitkräfte. Die 3., 42. und 45. US-Infanteriedivisionen der 7. Armee, dazu die 20. Panzerdivision, rollen unaufhaltsam über die Autobahnen Ingolstadt und Augsburg auf München zu. Einige wenige Gegenangriffe in Moosburg und Freising sowie Brückensprengungen ändern daran nichts. Am gleichen Tag werden Freising und das Lager Moosburg eingenommen. Von den tausenden SS-Angehörigen, die im Lager Dachau eingesetzt waren, verbleiben nur rund 300 Bewacher des Konzentrationslagers, die nach kurzem Feuergefecht getötet oder gefangengesetzt werden. Von Süden rücken französische Einheiten vor und besetzen Herrsching und das Ammersee-Ufer.

Am 30. April begeht Hitler in Berlin Selbstmord, Admiral Karl Dönitz übernimmt für wenige Tage die Staatsführung. Am gleichen Tag wird mit München die letzte deutsche Großstadt besetzt. Um 2 Uhr nachts rücken erste Einheiten der 7. US Armee unter Führung von General Alexander Patch über Feldmoching und Freimann nahezu kampflos in München ein. Nur kleinere Maschinengewehrgefechte in Freimann und am Maximilianeum sind zu hören. In Hitlers Privatwohnung am Prinzregentenplatz 16 wird eine US-Kommandozentrale errichtet. Im ersten Wochenbericht der US-Militärregierung schreibt

Oberstleutnant Ralph B. Hubbard, sein Kommando sei am 1. Mai in München einmarschiert und habe um 9.30 Uhr das Rathaus besetzt. Auch ein französisches Panzerregiment unter General Jacques-Philippe Leclerc de Hauteclocqu (1902–1947) rückt in München ein.

Kurz vor Schließung des Belagerungsringes hatten bereits zahlreiche Wehrmachtsoldaten und SS-Männer München in Richtung Süden verlassen. Gauleiter Paul Giesler, in grauer Uniform und mit Handgranate im Koppel, lässt im Hof des Zentralministeriums Akten verbrennen. Dann flüchtet er nach Berchtesgaden und tötet sich und seine Familie. Alle Schlachten sind geschlagen, aber immer noch gibt es Rache- und Mordlust der verbliebenen Nationalsozialisten.

München, Pfarrei St. Rupert (Schwanthalerhöhe)

Aktivisten des Werwolfs errichten einen Galgen und versuchen einen Mann zu erhängen, weil er die weiße Fahne gehisst hatte. Der Mordversuch scheitert. Der Einmarschbericht von Stadtpfarrer Peter Widmann, verfasst am 6. August 1945 lautet:

> »Kurz vor dem Einmarsch der Amerikaner errichteten Werwolfmänner dem Pfarrhaus gegenüber einen Galgen und knüpften einen braven Mann mit seiner weißen Fahne auf. Nachdem er bewusstlos geworden war, riss der Strick. Der Mann fiel zu Boden, kam aber wieder zu sich und durfte seines Weges gehen.«[44]

Bad Wiessee (Landkreis Miesbach), 3. Mai

Der Münchner Stabsarzt, Klinikchef und Leiter des Lazaretts Rottach-Egern, Dr. Karl-Friedrich Scheid (1906–1945), Mitglied der FAB, der Kaufmann Dr. Fritz Winter (Jg. 1907) und Oberleutnant Franz Heiß (1919–1970) fahren mit weißer Fahne den

Amerikanern am Tegernsee entgegen und werden von hinten von Soldaten der 17. SS-Panzergrenadierdivision Götz von Berlichingen beschossen. Schwer verletzt können sich Scheid und Heiß noch zu den amerikanischen Linien retten. Winter bleibt liegen und wird von US-Vorposten geborgen und in ein Lazarett gebracht. Scheid erliegt tags darauf in einem US-Lazarett seinen Schussverletzungen. Die Täter werden nie ausfindig gemacht.[45]

Eisenärzt (Landkreis Traunstein), 3. Mai

Am 3. Mai wird in Eisenärzt ein Reservehauptmann durch Wehrmachtsgeneral Theodor Tolsdorff (1909–1978) erschossen. Der beurlaubte Hauptmann Franz Xaver Holzhey hatte ein Rot-Kreuz-Schild am Ortsrand aufgestellt. Das von Tolsdorff sofort herbeigerufene Exekutierungskommando widersetzt sich dem Befehl, indem es absichtlich danebenschießt. Daraufhin greift Tosdorff selbst zur Waffe und liquidiert Holzhey zwei Stunden vor Einmarsch der Amerikaner.[46]

Bad Reichenhall (Landkreis Berchtesgadener Land), 3. Mai

Am 3. Mai stirbt Bürgermeister Franz Schwaiger beim Versuch, die Region mit der weißen Fahne in der Hand friedlich zu übergeben. Wie Stadtpfarrer Matthias Kuhn berichtet, wird eine Brücke absichtlich in dem Moment, in dem der Bürgermeister sie betritt, von der SS gesprengt. Rund um die Reichenhaller Kirche St. Zeno verbarrikadieren sich noch SS-Einheiten. Zeitungsverleger Max Wiedemann, der vermitteln will, wird willkürlich niedergeschossen und getötet.[47]

KAPITEL 7

Aktionen ohne tödliche Eskalation am Beispiel Oberbayern

Nach München fällt in wenigen Tagen ganz Ober- und Niederbayern. Salzburg wird am 5. Mai eingenommen. Am 6. Mai wird der im Kloster Ettal unter Hausarrest stehende Jesuit Rupert Mayer befreit, dann ruhen in Bayern die Waffen. Am 8. Mai erfolgt die offizielle Kapitulation Deutschlands. Wenige Monate nach Kriegsende, im Juni 1945, weist Münchens Erzbischof Kardinal Michael Faulhaber (1869–1952) alle Pfarrer der Diözese München-Freising an, Einmarschberichte zu verfassen, also Berichte über die Tage vor und nach der Kapitulation. Die meisten dieser Berichte sind erhalten und wurden 2005 vom Diözesanarchiv München-Freising ediert. Obwohl man auch diese Quelle – wie jede andere – kritisch hinterfragen muss (die dort geschilderte Darstellung von der Rettung Dachaus etwa hat sich später als Legende erwiesen), geben die Einmarschberichte von 1945 doch einen wichtigen und in der Regel authentischen Eindruck der Zeit wieder.

An dieser Stelle sollen die 560 Einmarschberichte als relativ engmaschige Quelle über die Bedeutung der weißen Fahne beim Einmarsch der Alliierten herangezogen werden. Folgende wiederkehrende Motive können festgestellt werden:

- Der Einmarsch der Alliierten wird von allen Berichterstattern und wohl von einer überwiegenden Mehrheit der Bevölkerung als Befreiung vom Joch des Nationalsozialismus erlebt.
- Fast in allen Orten spielt das Hissen der weißen Fahne eine wichtige friedensstiftende Rolle. Wurde es unterlassen, war nicht selten zerstörerischer Beschuss die Folge.
- Manche Pfarrer gaben an, dass das Hissen der weißen Fahne gegen ihr Wissen oder auch gegen ihre Zustimmung geschah.
- Die Rolle der in die Defensive gedrängten Nationalsozialisten wird in aller Regel als menschenverachtend und mörderisch beschrieben.

7.1 Bedrohung durch die SS

Die eskalierenden, also mit Todesopfern verbundenen Folgen des Hissens der weißen Fahne wurden in bereits beschrieben. Im Folgenden werden Beispiele für nicht-eskalierende, also nicht mit akuten Todesfolgen verbundene Konflikte aufgeführt. Die Auflistung einiger Originalaussagen zeigt, dass die Bedrohung durch die Organe der Nationalsozialisten keine Ausnahme, sondern die bittere Regel war:

München, Pfarrkirche St. Sylvester (Schwabing)

> »In den Straßen der Pfarrei sah man schon am Morgen die weiße Fahne verschiedentlich gehisst, die aber wieder eingezogen werden musste, da SS-Streifen mit der Schusswaffe drohten.«[48]

Ismaning (Landkreis München)

»Nachmittags wurden die weißen Fahnen auf dem Kirchturm gehisst, mussten aber auf Betreiben der SS, die den Pfarrer und den Volkssturmführer mit Erschießen bedrohten, wieder eingezogen werden. Darauf erhielten der Kirchturm und der Wasserturm Artilleriebeschuss, wobei Kirchturm und Kirchdach schwer beschädigt wurden«[49]

Hohenbrunn, Expositur Brunnthal (Landkreis München)

»Bald darauf kam eine Rotte von SS und bedrohte die Bevölkerung mit Erschießen. Der Seelsorger ließ die weiße Fahne am Pfarrhof anbringen mit der Begründung, dass die Anordnung vom Bürgermeister getroffen wurde.«[50]

Helfendorf (Landkreis München)

»Unmittelbar vor dem Einmarsch wurden unsere Leute von der SS bestohlen und misshandelt.«[51]

Taufkirchen (Landkreis München)

»In der Früh noch großes Durcheinander wegen des Aushängens der weißen Fahnen am Kirchturm und an den Häusern. Es trieb sich immer noch SS umher. Von acht Uhr an endgültig die weißen Fahnen ausgehängt.«[52]

Zorneding (Landkreis Ebersberg)

»Kleinere versprengte SS-Abteilungen, die die Bevölkerung wegen Hissens der weißen Fahne bedrohten und einschüchterten, sind am Morgen wieder abgezogen.«[53]

Wolfersdorf (Landkreis Freising)

»Unser Wirt konnte die weiße Fahne nicht hissen, da ihn die SS-Leute mit Erschießen bedrohten, sodass er sich verbergen musste.«[54]

Unterdarching (Landkreis Miesbach)

»Im Pfarrdorf kamen weiße Fahnen zum Vorschein. Um 1.30 Uhr kam ein Auto mit 40 bis 50 SS-Leuten ins Dorf. Sie setzten den Leuten den Revolver auf die Brust und verlangten die Einziehung der weißen Fahnen. [...] Um 2.15 Uhr wurde die Mangfallbrücke von der SS gesprengt.«[55]

Baumburg (Landkreis Traunstein)

»Nun kam noch eine deutsche Kampftruppe, die forderte, dass die weißen Fahnen sofort eingezogen werden müssten, denn sonst würden sie den Ort niederbrennen.«[56]

Lindach bei Trostberg (Landkreis Traunstein)

»Die Bevölkerung war durch die SS eingeschüchtert und in großer Besorgnis. Bei gegenteiliger Meinungsäußerung drohten die SS-Männer mit Dachau, Erschießen oder Enteignung.«[57]

Glonn (Landkreis Ebersberg)

»Der Ortskommandant Hauptmann wurde mit vorgehaltenem Revolver von SS-Leuten aufgefordert, Glonn auf Verteidigung einzustellen.«[58]

Bockhorn (Landkreis Erding)

»Hernach hissten wir die weiße Flagge. SS-Männer, die in der Nähe waren, forderten die Einziehung der weißen Flagge, es waren brutale Menschen, wahre Teufel in Menschengestalt. Ukrainer, die im Pfarrhof bedienstet waren, traten ihnen entgegen.«[59]

Langengeissling (Landkreis Erding)

»Der SS-Leutnant erklärte wild, wenn die weiße Fahne auf den Turm kommt, dann lässt er Turm und Kirche zusammenschießen.«[60]

Hausham (Landkreis Miesbach)

»Andere gefallene SS-Männer wurden wohl, als sie sich ergeben wollten, von den eigenen Leuten [...] erschossen.«[61]

Schliersee (Landkreis Miesbach)

»Unter der Bevölkerung herrschte größte Erregtheit und Bestürzung über diesen verbrecherischen Wahnsinn. SS-Truppen, die reinsten Verbrechergestalten, marschieren wie Banditen bewaffnet durch den Ort! […] Die Höhen rings um den Schliersee waren von streifenden SS-Banden, Werwölfen und HJ mit Maschinenpistolen und Gewehren bewaffnet, besetzt.«[62]

Peiting (Landkreis Weilheim-Schongau)

»Viele hissten schon die weiße Fahne. Ein SS-Mann rief in den Pfarrhof hinein: Meine Herren, wenn Sie nicht augenblicklich den weißen Fetzen entfernen, knall ich Sie jetzt noch nieder. Bald darauf wurde er selber von einem Peitinger Schlosser halb totgeschlagen und ins Lazarett gebracht.«[63]

Schwabering (Landkreis Rosenheim)

»Von unverantwortlicher Seite ohne Wissen oder Gutheißen des Pfarrers wurde auf dem Turm der Pfarrkirche eine weiße Fahne gehisst. Als die SS bei Annäherung an das Dorf die weiße Fahne gesehen hatten, wurde dem Pfarrer mit Erschießen gedroht.«[64]

Seeon (Landkreis Traunstein)

»Da mit dem Eintreffen der amerikanischen Truppen zu rechnen war, wurde die weiße Fahne gehisst. Anstatt der Amerikaner kam jedoch die SS eingefahren, nahmen den Bürgermeister in Haft, der, obwohl eifriger Diener der Partei, durch diese Maßnahme die Ortschaft retten wollte.«[65]

Bad Tölz (Landkreis Bad Tölz-Wolfratshausen.)

»Während des Gottesdiensts hatte ohne Wissen des Stadtpfarrers ein Mann die weiße Fahne auf dem Turm gehisst. Sofort kam es zu einem Auflauf in der Kirchgasse, und vor dem Portal der Pfarrkirche entstand eine Schießerei. Besonders aufgeregt gebärdeten sich einige durchziehende Soldaten und ein Hitlerjunge. [...]. Nach beruhigenden Worten des Stadtpfarrers, dem in der Kirche von zwei Offizieren die Erschießung angedroht wurde, weil man ihn für verantwortlich hielt, wurde die weiße Fahne eingezogen, aber durch Hitlerjungen die Hakenkreuzfahne gehisst.«[66]

Hohenpeißenberg (Landkreis Weilheim-Schongau)

»SS-Streifen gingen um und zwangen die Bevölkerung zum Hereinnehmen der weißen Fahnen.«[67]

Vilslern (damals Landkreis Landshut)

»Der Ortsbauernführer hisste die weiße Fahne in dem Augenblick, als sich die SS aus seinem Anwesen weg gegen den Wald zurückzog. Von einer braunen Schwester angefeuert (Zufruf: Schießt ihm das Haus zusammen, dem feigen Hund) schoss die SS mit Leuchtspurmunition das Anwesen in Brand.«[68]

7.2 Bedrohung durch Werwölfe

München, Pfarrkirche St. Canisius (Großhadern)

»Nach einem drei Tage dauernden, ekelhaften Gastspiel von 130 Mann Werwölfen im Weißbräu, die nach Kräften stahlen und plünderten, zogen die Amerikaner am Montag, den 30. April ohne jeden Kampf ein.«[69]

Schellenberg (Landkreis Forchheim)

»In den kommenden Tagen trieb sich der Werwolf in großer Stärke in Ettenberg und am Untersberg herum. Vor dem Markt waren etwa 20 Mann in einem Bauernhaus bei einer Witwe, die sie wie eine Gefangene behandelten und sich dort wie in einer Festung verschanzten«.[70]

Schliersee (Landkeis Miesbach)

»Am vergangenen Sonntagmorgen sind an allen Häusern, Schaufenstern, Plakatsäulen, auch an den Kirchen und am Pfarrhof freche ›Werwolfzettel‹ mit der Aufforderung zum Kampf gegen die Amerikaner und zum Erhängen und Erschießen aller, die dagegen seien […] angeklebt worden.«[71]

7.3. Die Wehrmacht und die weiße Fahne

Unterschleißheim (Landkreis München)

Der Befehlshaber des Fliegerhorsts Schleißheim, Hauptmann Kühne, gibt der Besatzung den Befehl, sich kampflos zu ergeben. »Nachmittags gegen 3 Uhr gab Kühne an den Pfarrhof den Befehl, am Kirchturm eine weiße oder die bayerische Flagge zu hissen. Dieser Befehl wurde ausgeführt.«[72]

Abens / Attenkirchen (Landkreis Freising)

»Um halbelf rückten die Amerikaner in Attenkirchen ein, nachdem ein entlassener Soldat ihnen mit der weißen Fahne entgegengegangen war. Keiner der Männer hatte die Mut dies zu tun, am wenigsten der dazu berufene Bürgermeister«.[73]

Ebertshausen (Landkreis Dachau)

»Auf unsere Bitten, den Ort doch nicht zu verteidigen, sagten die Offiziere, sie hätten die Flanken der Autobahn zu decken und machten uns aufmerksam auf die furchtbaren Folgen, welche die Hissung der weißen Fahnen nach sich ziehe. Auch den Volkssturm hätten sie heranziehen wollen, aber der war nicht bewaffnet.«[74]

Tengling (Landkreis Traunstein)

»Um zehn Uhr nochmals ganz große Aufregung. Es wehte plötzlich vom Kirchturm die Hakenkreuzfahne. Ein Soldat einer SS-Truppe hatte sie aufgezogen. Ein beherzter Feldwebel holte sie wieder herunter. Unterdessen wehten schon von einigen Häusern die weißen Flaggen.«[75]

Stichwort: Politischer Fanatismus

»Der Hass muss freie Bahn haben. Unsere hasserfüllte Gesinnung muss dem Gegner wie eine versengende Glut entgegenschlagen!«

Paul Giesler (1895–1945), Führer des NS-Volkssturms und Gauleiter der NSDAP München-Oberbayern hat im Januar 1945 den Tenor der nationalsozialistischen Bewegung, aber auch seine Zukunftsprognose für den sogenannten Endkampf prägnant in einem Satz zusammengefasst. Sein Dogma formuliert das Grundgesetz jeder Form von politischem Fanatismus, der geprägt ist von gewaltbereiter Intoleranz, Mangel an Empathie, narzisstischer Persönlichkeitsstrukturen und stark vereinfachenden Denkgebäuden. Im Falle seines Scheiterns versucht der Fanatiker, möglichst viele Gegner mit in Tod und Verderben zu reißen. Insofern verstehen sich auch politische Fanatiker als »heiliger Rest« und tragen religiöse oder pseudoreligiöse Züge. Die Geschichte der »weißen Fahne« mag als Paradebeispiel gelten.

Im April und Mai 1945 hatte Deutschland zwölf Jahre des politischen Fanatismus hinter sich. Die völlig unzureichende Bewältigung dieses Traumas durch Gesellschaft, Politik und Justiz ist vielfach diskutiert worden. 1967 veröffentlichten die Psychoanalytiker Alexander und Margarete Mitscherlich ihr Buch »Über die Unfähigkeit zu trauern. Grundlagen kollektiven Verhaltens«, 1987 der Schriftsteller Ralph Giordano sein Buch »Die zweite Schuld oder Von der Last, Deutscher zu sein«. Autorinnen und Autoren der nächsten Generation wie Sven Keller (2013)[76], Michael Stolleis (2013)[77] und Edith Raim (2014)[78] versuchten das Verhalten von Gesellschaft und Justiz nach 1945 differenzierter darzustellen. Tatsächlich gehört nicht nur das zögerliche Verhalten der Justiz zu den Belastungen der jungen Bundesrepublik, sondern auch die vielfach belegte Stigmatisierung und Ausgrenzung der Opfer. Ihnen wurde weitaus weniger Empathie und Solidarität entgegengebracht als vielen Tätern. Viele ihrer furchtbaren Taten wurden nie aufgeklärt, weil sie niemand aufklären wollte. Auch mit dieser Schande müssen wir leben.

KAPITEL 8

Pars pro toto – In Bayern geborene Täter

Die Wirren des blutig zu Ende gehenden Zweiten Weltkriegs haben alle Beteiligte, aber auch Opfer und Täter der Endphasenverbrechen zusammengewürfelt. Viele der Endphasenverbrechen, die in Bayern geschahen, sind von Tätern unterschiedlichster Herkunft verübt worden. So waren Paul Hausser, Max Simon, Paul Giesler, Theodor Tolsdorf, Richard Drauz, Karl Gutenberger, Sepp Dietrich, Erwin Helm und viele andere Täter nicht in Bayern gebürtig. Da sich diese Studie auch als Beitrag zur bayerischen Landesgeschichte versteht, sollen an dieser Stelle in Auswahl einige Kurzbiografien in Bayern geborener Täter vorgestellt werden.

Christian Weber (1883–1945)

Weber wurde am 25. August 1883 in Polsingen (Mittelfranken) geboren, wuchs in ärmlichen Verhältnissen auf und absolvierte eine Ausbildung als Pferdeknecht. Nach seinem Militärdienst im Ersten Weltkrieg führte er einen schwunghaften Pferdehandel. Als Mitglied des Freikorps Epp und des Freikorps Oberland beteiligte er sich an der blutigen Niederschlagung der Münchner Räterepublik. Weber gehörte zu den frühesten Gefolgsleuten Adolf Hitlers und war bereits in den 1920er-Jahren einer der wenigen hauptberuflich Angestellten der NSDAP. Bei den gewalttätigen Saalschlachten von SA und SS spielte Weber eine herausragend brutale Rolle. Zahlreiche Verfahren wegen Bedrohung, Einschüchterung, Trunkenheit, Brandanschlägen und illegalem Waffenbesitz wurden von der Justiz unterdrückt. 1933 übernahm Weber die Münchner Stadtverwaltung, später wurde er Mitglied des Reichstags und SS-Brigadeführer. An zahlreichen Enteignungen und Arisierung bereicherte er sich skrupellos. Ab 1936 war er Präsident des Kreistags (heute Bezirkstags) von Oberbayern.

Am 28. April 1945 wurde Weber bei der Besetzung des Münchner Rathauses durch die Freiheitsaktion Bayern festgenommen und nach Erding verbracht. Dort konnte er sich mit Hilfe von SS-Einheiten befreien und erwirkte ohne Vernehmung die sofortige Erschießung des Münchner Rathausinspektors Hans Scharrer durch ein SS-Kommando.

Um den Tod Webers ranken sich verschiedene Gerüchte. Möglicherweise wurde er bei der Gefangennahme durch die US-Armee bei Heilbronn getötet. Möglicherweise konnte er auch fliehen und unter falscher Identität untertauchen. Sterbliche Überreste wurden nie gefunden. Als »Hauptschuldiger« fiel sein Vermögen von rund 10 Millionen Reichsmark dem jungen Freistaat Bayern zu, wogegen seine Nachkommen erfolglos vor Gericht klagten.

Albert Kesselring (1885–1960)

Kesselring wurde am 30. November 1885 in Marktsteft (Unterfranken) als Sohn des Stadtschulrats von Bayreuth geboren[79]. Nach dem Abitur trat er 1904 in die Bayerische Armee ein, im Ersten Weltkrieg brachte er es bis zum Hauptmann. In der Reichswehr der Weimarer Republik stieg er in Dresden zum Oberst auf. Vor Beginn des Zweiten Weltkriegs wurde er zum General und Befehlshaber des Luftwaffengruppenkommandos Berlin ernannt. Die massiven Bombardierungen durch Kesselrings Verbände trugen zur Kapitulation Polens und der Niederlande bei. In den folgenden Kriegsjahren fand Kesselring verschiedene Verwendungen in ganz Europa und stieg zum Generalfeldmarschall auf.

Als Oberbefehlshaber in Italien war er für zahlreiche Geiselerschießungen verantwortlich, unter anderem an 335 italienischen Zivilisten in den Adreatinischen Höhlen. 1945 übertrug ihm Hitler den Oberbefehl West zu Abwehr der alliierten Invasion. In dieser Funktion ordnete Kesselring härteste Maßnahmen an, wenn die Bevölkerung bei Annäherung des Feindes weiße Fahnen hissen würden.

Im Mai 1947 wurde Kesselring von einem britischen Militärgericht zum Tod durch Erschießen verurteilt. Später wurde das Urteil auf lebenslängliche, 1948 auf 21 Jahre Haft verkürzt. 1951 wurde Kesselring aus gesundheitlichen Gründen begnadigt und vorzeitig aus der Haft entlassen. In der Folgezeit betätigte er sich als Aktivist faschistischer Gruppen, so als Bundesführer der Organisation »Der Stahlhelm«. Er distanzierte sich nie von seiner bedingungslosen Loyalität gegenüber Adolf Hitler. 1960 starb er in Bad Wiessee, die Grabrede hielt der Bundeswehrinspekteur der Luftwaffe und frühere Wehrmachtsgeneral Josef Kammhuber.

Sepp Dietrich (1892–1966)

Dietrich wurde am 28. Mai 1892 im schwäbischen Hawangen in ärmlichen Verhältnissen geboren und arbeitete bei einem Bäcker als Laufbursche. Als Vizefeldwebel beendete er seine Militärlaufbahn im Ersten Weltkrieg und verdingte sich beim Freikorps Oberland. Durch seine Bekanntschaft mit Christian Weber, in dessen Tankstelle er Garagenmeister war, kam er zu NSDAP und SS. Auf Anordnung Hitlers organisierte er die Erschießung der führenden SA-Mitglieder in Bad Wiessee im Rahmen des sogenannten Röhm-Putsches. Zuerst Kommandeur der Leibwache Hitlers wurde er später Generaloberst der Waffen-SS. Später wurde er angeklagt, Verantwortlicher des Malmedy-Massakers gewesen zu sein. Am Ende des Zweiten Weltkriegs war er Stadtkommandant von Wien. Als dort an den Türmen des Stephansdoms weiße Fahnen gehisst wurden, gab er Befehl, die Kirche in Schutt und Asche zu schießen. Nur die Befehlsverweigerung eines Hauptmanns rettete den Dom vor der Zerstörung.

Wegen verschiedener Kriegsverbrechen verurteilte man Dietrich zuerst zum Tod, dann zu lebenslanger Haft. 1955 erfolgte im Rahmen eines Bewährungsverfahrens seine Begnadigung. Seine Verbrechen im Zusammenhang des Röhm-Putsches wurden Thema eines späteren Verfahrens 1957, in dem er zwar nochmals verurteilt, aber nach einem halben Jahr aus gesundheitlichen Gründen wieder entlassen wurde. Daraufhin betätigte er sich in einer Solidaritätsorganisation ehemaliger Mitglieder der Waffen-SS. Dietrich starb 1966 in Ludwigsburg, an seiner Beerdigung nahmen etwa 5000 Menschen teil, überwiegend aus den Reihen der ehemaligen Waffen-SS.

Hans Zöberlein (1895–1964)

Zöberlein wurde am 1. September 1895 als Sohn eines Schuhmachers in Nürnberg (Mittelfranken) geboren.[80] Er erlernte das Maurer- und Steinmetzhandwerk und brachte es im Ersten Weltkrieg bis zum Vizefeldwebel und zur Goldenen Tapferkeitsmedaille. Als Mitglied des Freikorps Epp unter General Franz Ritter von Epp war er an der blutigen Niederschlagung der bayerischen Räterepublik beteiligt. 1921 trat er in die NSDAP ein und nahm 1923 am Hitler-Ludendorff-Putsch teil. 1928 wurde er mit der Führung der Münchner SA beauftragt und 1943 zum SA-Brigadeführer ernannt. Für die NSDAP saß er im Münchner Stadtrat und machte sich für eine nationalsozialistische Kulturpolitik stark. Zöberlein hatte sich mittlerweile zum

Architekten fortgebildet, war aber in diesem Berufsstand nur wenig erfolgreich, sodass er Leiter des Münchner Kulturamtes wurde und auch für schriftstellerische Ambitionen Zeit fand. 1933 wurde ihm für seine antisemitischen Kriegsromane der Literaturpreis der Stadt München verliehen.

Am 28. und 29. April 1945 war Zöberlein als Anführer einer sogenannten Werwolfgruppe im Raum Penzberg unterwegs und verantwortete dort ein Rachemassaker, das unter dem Begriff »Mordnacht von Penzberg« in die Geschichte einging und über 20 Menschen das Leben kostete. 1948 wurde er dafür zum Tod verurteilt und in mehreren Internierungslagern, unter anderem in der Münchner Justizvollzugsanstalt Stadelheim, inhaftiert. Nach Abschaffung der Todesstrafe in Deutschland 1949 wandelte das Oberlandesgericht München das Urteil später in eine lebenslange Haft um. 1958 wurde Zöbelein aus gesundheitlichen Gründen Haftverschonung gewährt. Er starb 1964, sechs Jahre später, als freier Mann in München.

Heinrich Himmler (1900–1945)

Himmler wurde am 7. Oktober 1900 als Sohn eines streng katholischen Gymnasialdirektors in München geboren. Er studierte an der Technischen Hochschule München und erwarb sich ein Diplom als Landwirt. Als Fahnenträger nahm er bereits 1923 am Hitler-Putsch teil. Nach der Machtergreifung führte ihn eine steile Karriere bis an die Spitze des NS-Staates. Als Reichsführer SS und ab 1943 Reichsinnenminister unterstanden ihm die SS, die Polizei, die Konzentrationslager, der Inlandsgeheimdienst, die Gestapo und der Sicherheitsdienst SD. Himmler gilt als Hauptverantwortlicher für den Holocaust und zahlreicher anderer Verbrechen gegen die Menschlichkeit, so auch durch seinen »Flaggenbefehl« für die Endphasenverbrechen der Nationalsozialisten.

Himmler tauchte bei Kriegsende unter, wurde aber am

21. Mai 1945 festgenommen und kam in britische Gefangenschaft. Dort entzog er sich seiner Verantwortung, indem er sich mittels Zyankali umbrachte.

Ludwig Ruckdeschel (1907–1986)

Am 15. März 1907 in Bayreuth (Oberfranken) geboren, absolvierte Ludwig Ruckdeschel dort eine kaufmännische Lehre und arbeitete von 1924 bis 1928 als kaufmännischer Angestellter. Bereits 1923 trat er in die SA, 1925 in die NSDAP ein. 1931 gründete Ruckdeschel die Wochenzeitung »Kampf für deutsche Freiheit und Kultur«. Ruckdeschel war Geschäftsführer der 1934 gegründeten Ostmark-Selbsthilfe GmbH, deren Vermögen vor allem aus geraubtem Vermögen der SPD bestand. Bereits 1934 trat Ruckdeschel in die SS ein und wurde 1941 Brigadeführer. Im Juni 1944 verlor er bei Kämpfen gegen die Alliierten den rechten Arm. Dennoch blieb er bis zuletzt als SS-Sturmbannführer fanatischer Nationalsozialist. Ab dem 19. April war Ruckdeschel als Nachfolger von Fritz Wächtler letzter NSDAP-Gauleiter des Gaus Bayreuth. In dieser Funktion machte er sich mehrerer Kriegsverbrechen schuldig. Am 19. April 1945 ließ er seinen Vorgänger Wächtler unter dem Vorwand der Fahnenflucht von einem SS-Kommando erschießen. Am 23. April 1945 ließ er in Regensburg den Domprediger Dr. Johann Maier und den Arbeiter Josef Zürkl, die sich an einer Kundgebung zur friedlichen Übergabe der Stadt beteiligt hatten, erhängen.

Ruckdeschel wurde 1948 vom Oberlandesgericht Nürnberg zu acht Jahren Haft verurteilt. Nach vorzeitiger Haftentlassung 1952 wurde Ruckdeschel Gästeführer für prominente Gäste bei Volkswagen-Konzern in Wolfsburg. Er starb 1986 im Alter von 79 Jahren.

KAPITEL 9

Ergänzende Interviews von Norbert Göttler

9.1. Interview mit Prof. Dr. Norbert Frei, Seniorprofessor für Neuere und Neueste Geschichte an der Friedrich-Schiller-Universität Jena und Leiter des »Jena Center Geschichte des 20. Jahrhunderts«

Heute sind die Endphasenverbrechen der Nationalsozialisten im Vergleich zu Holocaust und KZ-Terror eher in Vergessenheit geraten. Unmittelbar nach Kriegsende war das nicht so. Welche Gründe sehen Sie dafür?

Die sogenannten Endphaseverbrechen waren nach Kriegsende noch eine ganze Weile deutlich im öffentlichen Bewusstsein: Zum einen natürlich aufgrund der zeitlichen Nähe zu den Ereignissen und dem Faktum, dass sie vielfach »ganz normale«, oft sogar jugendliche »Volksgenossen« betroffen hatten. Zum andern aber auch, weil dies ein Verbrechenskomplex war, an dem sich die deutsche Nachkriegsjustiz bewähren konnte – anders als bei Verbrechen, die an nichtdeutschen NS-Verfolgten verübt worden waren und die nur im Rahmen der alliierten Justiz geahndet werden durfte. Hinzu kam, jedenfalls auf mittlere Sicht, ein sozialpsychologisch evidenter Aspekt: Unter Hinweis auf die Deutschen als Opfer (Hitlers und des NS-Systems) ließen sich die Opfer der Deutschen ein wenig in den Hintergrund schieben. Das passte zu der in den Fünfzigerjahren populären apologetischen NS-Deutung, wonach Hitler wahlweise Dämon oder Verführer und die Nazis »die anderen« waren. Allerdings ist daran zu erinnern, dass im Zuge der NS-Regionalforschung der Siebzigerjahre die Thematik aufgegriffen wurde. So zum Beispiel im Rahmen des Projekts »Bayern in der NS-Zeit« (Band 4, 1981) mit einem Beitrag von Hildebrand Troll und der Habilitationsschrift von Klaus Tenfelde über die »Mordnacht von Penzberg«.

Fast alle Täter beriefen sich später auf den sogenannten Befehlsnotstand, zum Beispiel auf den »Flaggenerlass« Heinrich Himmlers. Ist diese Berufung nachvollziehbar? Hätte den Tätern bei milderem Verhalten Gefahr an Leib und Leben gedroht?

Dieses »Argument« wurde auch durch jahrzehntelange Wiederholung nicht richtiger. Hans Buchheim hat zu dem Thema schon im Frankfurter Auschwitz-Prozess (1963 bis 1965) Stellung genommen, und meines Wissens konnte bis heute kein einziger Fall nachgewiesen werden, in dem ein deutscher »Volksgenosse« wegen Befehlsverweigerung zum Tode verurteilt wurde.

Auch die bundesrepublikanische Justiz tat sich jahrzehntelang schwer mit der Beurteilung der Fälle. Viele Täter wurden kaum oder milde bestraft. Wie sieht die heutige Justiz die

Situation? Kann man NS-Endphasentäter heute als Mörder bezeichnen oder haben sie weiter Anrecht auf mildere Titulierungen?

Ich bin kein Jurist, und als Historiker kann ich nur versuchen, das Zustandekommen juristischer Urteile im jeweiligen gesellschaftlichen und politisch-moralischen Kontext zu erklären (nicht zu »verstehen« oder gar zu rechtfertigen). Als Historiker sehe nicht, warum man die vielfach nur wegen Totschlag verurteilten Endphasetäter nicht in einem alltagssprachlichen Sinn als Mörder bezeichnen können sollte.

Nicht selten wurden in der Nachkriegszeit vor Ort nicht die Täter, sondern die Opfer als Nestbeschmutzer stigmatisiert (zum Beispiel in Altötting). Wie ist so ein Verhalten zu beurteilen?

Wer an die Verbrechen der sogenannten Endphase erinnerte, störte das kollektive Ruhebedürfnis in gewisser Weise ebenso wie die (wenigen) zurückkehrenden Überlebenden der NS-Verfolgung: Weil sie gleichsam eine Widerlegung der gängigen Apologie darstellen, man habe nichts tun können. In der Wahrnehmung der post-nationalsozialistischen Volksgemeinschaft störte dies alles das gesellschaftliche Ruhe- und Diskretionsbedürfnis.

***

PROF. DR. NORBERT FREI ist Seniorprofessor für Neuere und Neueste Geschichte an der Friedrich-Schiller-Universität Jena und leitet das Jena Center Geschichte des 20. Jahrhunderts. Von 1979 bis 1997 war er wissenschaftlicher Mitarbeiter am Institut für Zeitgeschichte in München, danach bis 2005 Lehrstuhl-

inhaber für Neuere und Neueste Geschichte an der Ruhr-Universität Bochum und von 2005 bis 2021 in Jena; Fellowships und Gastprofessuren unter anderem an der Harvard University, am Wissenschaftskolleg zu Berlin, am Institute for Advanced Study in Princeton und an der Hebrew University Jerusalem, 2010 / 2011 Theodor-Heuss-Professor an der New School for Social Research in New York, 2019 Gerda Henkel Visiting Professor an der Stanford University.
Weitere Informationen unter: www.gw.uni-jena.de/nng

9.2. Interview mit Dr. Sven Keller, Historiker am Institut für Zeitgeschichte München-Berlin, Leiter des Dokumentationszentrums Obersalzberg

Die Wahrnehmung der Endphasenverbrechen der Nationalsozialisten hat eine wechselvolle Geschichte hinter sich. Warum war das so?

In den ersten Jahren nach Kriegsende waren es genau diese Verbrechen, die die Menschen bewegten und die juristisch besonders intensiv verfolgt wurden. Rund die Hälfte aller bis 1950 gesprochenen Urteile der deutschen Justiz wegen nationalsozialistischer Tötungsverbrechen betraf solche Endphasenverbrechen. Das lag unter anderem daran, dass das häufig Verbrechen waren, die den Deutschen in mehrfacher Hinsicht nahelagen: Sie waren erst vor kurzer Zeit, an ihrem Heimatort und in aller Öffentlichkeit begangen worden. Auch waren es Verbrechen, die häufig Menschen betrafen, die sie kannten: Freunde und Verwandte, Bürgermeister oder Pfarrer. Beiseitegeschoben wurden viel eher die Verbrechen an den »Anderen«, an ausländischen Zwangsarbeiterinnen und Zwangsarbeitern oder KZ-Häftlingen etwa – an diesen Verbrechen waren auch nicht selten Angehörige der Dorfgemeinschaft beteiligt gewesen. Es hat lange gedauert, bis die großen Verbrechenskomplexe – allen voran der Holocaust – angemessen verfolgt wurden und im Bewusstsein der Gesellschaft ankamen. Mittlerweile ist es tatsächlich anders – die genannten Verbrechen an Friedenswilligen sind demgegenüber heute etwas in den Hintergrund getreten. Meiner Wahrnehmung nach sind viele davon aber lokal, vor Ort, durchaus immer noch im Bewusstsein, es gibt Mahnmale und Erinnerungstafeln. Versuche, das eigene Dorf vor Schaden zu bewahren, findet man häufig selbst in solchen Dorfchroniken, in denen fast alles andere zum Thema NS-Zeit fehlt. Gerade kleinere lokale Gemeinschaften konnten solche Endphasenverbrechen an Friedenswilligen auch nutzen, um die eigene NS-Gesichte damit zuzudecken – dann wurde die Tat eines Einzelnen bei Kriegsende schnell zum vermeintlichen Nachweis der Widerständigkeit eines ganzen Dorfes in der ganzen NS-Zeit.

Wie konnte es zu diesen Gewaltaktionen kommen, die ja eine radikale Abkehr von der stets proklamierten NS-Theorie der »Volksgemeinschaft« war. Was waren die Motive der Täter angesichts der sicheren Niederlage?

Die Wochen, Tage und Stunden vor dem jeweiligen Kriegsende an einem Ort – also dem Zeitpunkt der feindlichen Besetzung – waren eine Extremsituation. Diese Zuspitzung ist ein wichtiger Hintergrund für die eskalierende Gewalt: Die Menschen bewegten sich in einer existenziellen Ausnahmesituation, die individuell ganz unterschiedlich wahrgenommen wurde, und in der es im Grunde für alle um nicht weniger als das eigene Überleben ging. Die Situation war uneindeutig, und in dieser Übergangsphase begegneten sich ganz unterschiedliche Erwartungen an die Zukunft: Durchhaltefanatiker trafen auf Friedenswillige, besiegte »Volksgenossen« auf triumphierende ausländische Zwangsarbeitskräfte, und mitten im Reich marschierten Kolonnen ausgemergelter Konzentrationslagerhäftlinge durch bisher vom Krieg unberührte Dörfer. Während die einen das Kriegsende und die Befreiung herbeisehnten und auf das Danach hofften, fürchteten es die anderen und sahen für sich keine Zukunft. In dieser Unsicherheit konnte das Festhalten am verinnerlichten Weltbild für überzeugte Nationalsozialisten wie ein Stabilitätsanker wirken: Es war leichter – auch und gerade angesichts von eigenen Zweifeln – an den alten »Wahrheiten« festzuhalten und den radikalen und fanatischen Vorgaben des Regimes und der NS-Ideologie zu folgen. Für so manchen scheint es unmöglich gewesen zu sein, die eigenen Überzeugungen und das eigene Handeln zu hinterfragen und sich quasi von sich selbst zu distanzieren. Chaos und Krise der bevorstehenden Niederlage mäßigten dann nicht, sondern wurden gerade erst zum Anlass, noch gewaltsamer gegenzuhalten: Während man dem Zusammenbruch der eigenen Lebenswelt und den äußeren Feinden weitgehend machtlos gegenüberstand, hatte man über die »Feinde im Innern« weiterhin die Macht über Leben und Tod. Mit der Gewalt ließ sich ein Zeichen der Ordnung und der Stärke setzen. Das wendete sich gegen Deutsche, gegen angebliche Volksverräter und »Defätisten«, vor allem aber gegen diejenigen, die immer schon außerhalb der »Volksgemeinschaft« gestanden hatten – allen voran KZ-Häftlinge und Zwangsarbeiterinnen und Zwangsarbeiter.

Fast alle Täter beriefen sich später auf den sogenannten Befehlsnotstand, zum Beispiel auf den »Flaggenerlass« Heinrich Himmlers. Ist dies nachvollziehbar?

Die Täter hatten natürlich Handlungsspielräume, auch in der oft chaotischen Übergangssituation des Kriegsendes. Sie hätten natürlich an der weißen Fahne vorbeigehen oder den geflohenen Häftling in seinem Versteck übersehen können. Das kam auch sehr oft vor, viele verhielten sich ja vernünftig, zahllose Orte gerade in Bayern wurden einvernehmlich und kampflos übergeben. Ohne Risiko war das nicht, das zeigen die Fälle, in denen etwa Bürgermeister ermordet wurden. Das trifft meiner Meinung nach aber auch gar nicht den Kern des Befehlsnotstands. Der ist ein Entlastungskonstrukt, den die Nachkriegsjustiz lange Zeit allzu bereitwillig aufgegriffen hat, um nicht weiterfragen zu müssen. Denn auf den Befehlsnotstand kann sich niemand berufen, der den Befehl für richtig hält und die Tat auch als eigene Tat will. Wenn man sich diese Verbrechen genauer ansieht, handelten die meisten Täter nicht, weil sie praktisch gegen ihren Willen und gezwungenermaßen etwas tun mussten, was ihnen innerlich widerstrebte und sie eigentlich ablehnten. Sie handelten, weil das ihrem nationalsozialistischen oder militärischen Selbstbild und Wertesystem entsprach. Wie zynisch das sein konnte, zeigen nicht zuletzt die vielen Fälle, in denen die Täter erst ihre Opfer töteten, weil diese nicht weiterkämpfen wollten – nur um unmittelbar danach selbst vor den herannahenden Truppen zu fliehen.

Zu welchen konkreten Konflikten führte die historische Aufarbeitung der Endphasenverbrechen in den deutschen Dörfern und Städten?

Besonders diffizil wurde es immer dann, wenn die Täter selbst angesehene Mitglieder der Dorfgemeinschaft waren und man nicht sagen konnte: Da kam die SS von außen und hat unseren Bürgermeister erschossen. Manchmal waren die mutigen Menschen, die da in letzter Minute im lokalen Umfeld retten wollten, was noch zu retten war, auch Menschen, die immer schon in der politischen Minderheit oder am gesellschaftlichen Rand gewesen waren. Dass sie nun einem Verbrechen zum Opfer gefallen waren, änderte das nicht automatisch. Die Erinnerung konnte auch unangenehm sein für diejenigen, die selbst untätig geblieben waren, und erst recht für diejenigen, die selbst dem »Führer« zugejubelt hatten und Nationalsozialisten gewesen waren. Anders, als die deutsche Nachkriegsgesellschaft sich selbst und anderen glauben machen wollte, waren das nicht wenige gewesen. Für die Mehrheitsgesellschaft war das Kriegsende keine Befreiung gewesen – sondern die totale Niederlage.

***

DR. SVEN KELLER ist Leiter der Dokumentation Obersalzberg und Abteilungsleiter am Institut für Zeitgeschichte München-Berlin (IfZ). Nach einem Studium der Neueren und Neuesten Geschichte, der Alten Geschichte und der Politikwissenschaften wurde er an der Universität Augsburg mit einer Arbeit zu den nationalsozialistischen Verbrechen in der Endphase des Zweiten Weltkriegs promoviert. Seine Forschungsschwerpunkte bilden die Gesellschafts- und Gewaltgeschichte des Nationalsozialismus sowie Fragen der Erinnerungskultur und des Umgangs mit historischen Orten.

9.3. Interview mit Dr. Veronika Diem, Historikerin, promovierte über die Freiheitsaktion Bayern (FAB)

Die Freiheitsaktion Bayern (FAB) ist nur ein Teil der Bemühungen, das Kriegsende ohne noch mehr Blutvergießen und Zerstörung herbeizuführen. Was ist das Besondere an der FAB?

Das Spezielle an der FAB ist die erstmalige Nutzung des Rundfunks und seiner Reichweite für ihre Widerstandsaktionen. Das geht bis in Tirolerische hinein, wo etwa Erich Kästner sitzt und die FAB-Übertragungen hört. Diese Breitenwirkung war den FAB-Leuten kaum bewusst und ist auch in der heutigen Forschung noch nicht richtig wahrgenommen worden. Die FAB hat eine ganze Reihe von Aktionen angeregt und gebündelt. Aktionen, die kriegsmüde Menschen vor Ort oft schon eine Weile geplant hatten.

Die Racheaktionen an den Mitgliedern der FAB macht einen Teil der Endphasenverbrechen des NS-Staates aus. Was ist das Besondere an ihnen?

Die Sanktionen waren so unterschiedlich wie die Aktionen der FAB selbst. In der Regel spielten bei den eskalierenden Racheaktionen meist militärische Einheiten von außen, welcher Couleur auch immer, eine entscheidende Rolle. Auch – oft als harmlos angesehene – Volkssturm-Einheiten traten auf den Plan und gingen gewaltsam gegen Aktivisten vor. Und natürlich erlebten wir sehr häufig das Phänomen der Denunziation vor Ort, ohne die die ortsfremden Einheiten gar nicht gewusst hätten, wer sich vermeintlich an FAB-Aktion beteiligt hatte.

Viele Täter beriefen sich später auf einen »Befehlsnotstand«. Zurecht?

Die damals gängige Formulierung bei Hinrichtungen hieß tatsächlich fast immer »standrechtlich erschossen«. Aber keine Hinrichtung im Zusammenhang mit der FAB fand auf Basis eines rechtskräftigen, standrechtlichen Urteils statt. Für ein solches hätte man mit bestimmten Personen besetzte Standgerichte und zeitintensive Verfahren gebraucht, beides war nie vorhanden. Die FAB-Hinrichtungen hatten keine Rechtsgrundlage.

Wie haben überlebende FAB-Mitglieder später gelebt und ihr Wirken beurteilt? Wie wurde ihr Widerstand in der Bevölkerung gesehen?

Ich habe kaum mehr Kontakte mit Überlebenden gehabt. Belegt ist, dass viele nach dem Krieg ein normales Leben weitergeführt haben. Manche weniger erfolgreich, manche erfolgreicher. Oft wurden sie auch mit dem Widerstand in Verbindung gebracht, aber eher im bescheidenen Maße. Es gibt auch das Phänomen, dass sich Überlebende schuldig fühlten am Tod der Aktivisten. Gelegentlich wurden in der Rückschau die Aktivitäten als Versuche interpretiert, sich den Alliierten anzudienen. Soweit ich die Biografien der Protagonisten rekonstruieren konnte, trifft das nicht zu. Ich gehe davon aus, dass die allermeisten FAB-Protagonisten lautere und nicht-egoistische Beweggründe für ihr Tun hatten. Auch wird oft der späte Zeitpunkt der Aktionen kritisiert. Dabei wird allerdings vergessen, dass wir in der Rückschau mit der weiteren Entwicklung in den ersten Maitagen vertraut sind. Die Widerstandleistenden hatten wesentlich weniger sowie unklare Informationen und handelten aus ihrer zeitlich gebundenen Perspektive heraus.

Wie beurteilen Sie die juristische Aufarbeitung der Endphasenverbrechen nach 1945?

Das, was an juristischer Aufarbeitung passierte, ist enorm wichtig, weil es uns Quellenmaterial gesichert hat, das sonst sicher verloren gegangen wäre. Ähnlich wie bei der Entnazifizierung ist die juristische Aufarbeitung nach 1945 ambivalent und beeinflusst vom aufkommenden Kalten Krieg. Die Morde in Penzberg zum Beispiel wurde gut aufgeklärt, andere Vorkommnisse wieder überhaupt nicht. Die Strafen wurden freilich mit jeder Revision geringer. Einzelne Ermittlungsrichter haben sich sehr für eine Aufarbeitung engagiert. Wie vieles andere auch in der Nachkriegszeit war dies ein hoher Aufwand in einer Umgebung, die sich vermeintlich wichtigeren Dingen zuwandte.

***

DR. VERONIKA DIEM studierte Geschichte und Soziologie in München und Venedig. Ihre Forschungsschwerpunkte liegen in der Kriegs- und Nachkriegszeit in Bayern. Nach Stationen in Mainz und Augsburg arbeitet sie als wissenschaftliche Bibliothekarin an der Technischen Universität in München und wohnt unweit der Münchner Freiheit, die 1946 nach der FAB und in Erinnerung an die Gruppe 07 und die Neukonservativen benannt wurde. Die Forschungsergebnisse ihrer umfangreichen Doktorarbeit zur Freiheitsaktion Bayern hat sie in kurzer Form auch im Blog www.freiheitsaktion.bayern und als Lexikonartikel im Historischen Lexikon Bayerns unter www.historisches-lexikon-bayerns.de/Lexikon/Freiheitsaktion_Bayern_(FAB) aufbereitet.

9.4 Interview mit Dr. Jürgen Müller-Hohagen, Psychologe und Psychotherapeut, arbeitet mit traumatisierten Nachkommen von NS-Opfern

Was bewegt Menschen aus psychologischer Sicht, sich in den allerletzten Stunden eines Kriegs in Todesgefahr zu bringen, zum Beispiel durch das Hissen der weißen Fahne? Mit welchen Gefühlen leben Menschen weiter, die diesen Mut nicht aufbringen konnten? Gibt es Erfahrungen aus Ihrer therapeutischen Praxis?

Ich habe in meiner therapeutischen Arbeit mehrfach mit einer solchen Situation zu tun gehabt. Ich erinnere mich noch sehr genau, auch an den Schrecken, mit dem sie mir mitgeteilt wurde. Ein etwa 50-jähriger Mann berichtete, dass er als Kind ein solches Hissen der Fahne erlebt hatte. Eine SS-Einheit, mit der man nicht mehr gerechnet hatte, erschoss alle Beteiligten. Tief erschüttert erzählte der Mann, dass nur er und seine Mutter am Leben geblieben sind. Er war 1945 erst im Kindesalter, trotzdem war er für sein ganzes Leben gezeichnet.

Die Motivation der Menschen, die weiße Fahne gehisst haben, war vielfältig: Die Angst, in letzter Minute vernichtet oder bestraft zu werden. Dies auch unter dem Eindruck der NS-Propaganda gegen die Siegermächte. Oder endlich mal ein wenig Widerstand gegen das Regime zeigen zu dürfen. Manchmal aber auch der Impuls, sich auf die Seite der neuen, starken Sieger zu stellen.

Menschen, die nicht gehisst hatten, tragen ihre Fragen ein Leben lang mit sich. Dürfen wir erleichtert sein über unser Überleben? Müssen wir uns als Feiglinge fühlen? Viele haben tatsächlich lebenslange Schuldkomplexe entwickelt. Viele standen am Kriegsende unter einem enormen Entscheidungsdruck.

Später habe ich in meiner therapeutischen Praxis mit Menschen zu tun gehabt, die daraus eine lebenslange Entscheidungshemmung entwickelt haben. Eine fürchterliche Angst, durch Entscheidungen etwas Falsches zu machen.

Was bewegte die Täter, angesichts der klaren militärischen Niederlage Deutschlands noch die Schuld der Vergeltung auf sich zu laden?

Hier habe ich keine konkreten Erfahrungen aus meiner psychotherapeutischen Praxis, denn die Täter haben kaum therapeutische Hilfe in Anspruch genommen, ihre Nachkommen sehr wohl. Aus dem Gesamtzusammenhang ergeben sich für mich folgende Aspekte:
Das NS-System setzte von Beginn an auf das Prinzip der Selbstradikalisierung, das heißt auf die Forderung, in jeder Lebenslage die jeweils radikalere Haltung im Sinne der Parteidoktrin durchzusetzen. Jede Form von regulierendem Gewissen wurde von Beginn an umprogrammiert. Das offenbarte sich nicht zuletzt in den Endphasenverbrechen der Nationalsozialisten.
Der Führerstaat forderte von seinen Protagonisten auch in der letzten Kriegsphase den unbedingten Führungsanspruch. Kaum ein militärischer oder ziviler Verantwortlicher wollte vor seinen Untergebenen entscheidungsschwach dastehen, sondern stark, schneidig und durchsetzungswillig. Je schneller ein Todesurteil durchgeführt wurde, desto besser.
Der sogenannte Befehlsnotstand diente den Tätern als Entlastungsstrategie. Es gab immer einen höheren Erlass, den man meinte, befolgen zu müssen. Aber gerade in der Endphase wäre niemand mehr da gewesen, Verstöße gegen solche Erlasse zu ahnden. Die Last der Schuld müssen die Täter deshalb schon selbst tragen.

Die Justiz hat sich nach 1945 mit der Ahnung der Endphasenverbrechen jahrzehntelang schwergetan. Wie erleben die Nachkommen der Opfer diese Situation?

Menschen, deren Angehörige Opfer von Gewalt wurden, brauchen ein Anerkennen und Ahnden dieser Verbrechen. Sie brauchen es, in einer Welt zu leben, in der es einigermaßen zuverlässig und geordnet zugeht. Erleben sie das nicht, fallen sie nicht selten in lebenslange Trauer und Depression. Eine stärkere Ahndung der Endphasenverbrechen durch die bundesdeutsche Justiz wäre für sie sehr wichtig gewesen. Sie erfuhren dagegen, dass bei den Tätern nach 1945 gelogen und betrogen wurde, um das eigene Fell zu retten.

Gibt es so etwas wie eine Psychopathologie des Fanatismus?

Zunächst muss man sagen: Unter der Indoktrination eines verbrecherischen Regimes können die integersten, normalsten Menschen zu Mördern werden. Generell sagt die Dissonanz-Theorie: Je mehr ich emotional in ein System investiere, desto höher ist die Gefahr, dieses System zu überhöhen und zu beschönigen, nachteilige, ja sogar verbrecherische Seiten daran zu ignorieren. Natürlich kann man aus psychologischer Sicht auch feststellen, dass gerade schwache Naturen starke Ersatz-Sicherheiten brauchen. Wenn dieses System, wie im Fall des Kriegsendes 1945, kollabiert, bricht offener Hass und Hysterie aus. Das Kaschieren der eigenen Feigheit, die meist nur innerhalb des Systems möglich war, ist nun nicht mehr möglich. Wer nur innerhalb des System stark war, ist von seinem Ende existenziell betroffen und möchte so viele wie möglich mit in den Abgrund reißen. Das ist eines der wichtigsten Motive der Endphasenverbrechen der Nationalsozialisten.

***

DR. JÜRGEN MÜLLER-HOHAGEN, Diplom-Psychologe und Psychologischer Psychotherapeut; bis 2011 Leiter einer Erziehungs- und Familienberatungsstelle in München; seit 1982 wohnhaft in Dachau, intensiver Kontakt zu ehemaligen Häftlingen, Forschungen zur seelischen Nachwirkung der NS-Zeit; seit 1988 zahlreiche Veröffentlichungen, Vorträge, Seminare in Deutschland und im Ausland; 2001 zusammen mit Ingeborg Müller-Hohagen Gründung des »Dachau Institut Psychologie und Pädagogik«, Vize-Präsident der »Lagergemeinschaft Dachau e. V.«

ANHANG

Anmerkungen

1 Erst seit 1961 in »Bad Windsheim« umbenannt.

2 Zitiert nach Edgar Wolfrum: Widerstand in den letzten Kriegsmonaten und Endphasenverbrechen, in: Widerstand gegen die nationalsozialistische Diktatur 1933–1945, herausgegeben von Peter Steinbach und Johannes Tuchel, Berlin 2004, S. 9

3 Gebräuchlich sind sowohl die Begriffe »Endphasenverbrechen« wie »Endphaseverbrechen«.

4 In der Chronologie wird im Wesentlichen auf folgende Darstellungen Bezug genommen:
Wolfgang Zorn: Bayerische Geschichte im 20. Jahrhundert, München 1986 // Hans F. Nöhbauer: München. Eine Geschichte der Stadt und ihrer Bürger von 1854 bis zur Gegenwart, München 1992 // Helmut Moll (Hg.): Zeugen für Christus. Das deutsche Martyrologium des 20. Jahrhunderts, Paderborn 1999 // Peter Pfister (Hg.): Das Ende des Zweiten Weltkriegs im Erzbistum München und Freising, Regensburg 2005 // Cord Arendes u. a. (Hg): Terror nach Innen. Verbrechen am Ende des Zweiten Weltkrieges, Göttingen 2006 // Veronika Diem: Die Freiheitsaktion Bayern. Ein Aufstand in der Endphase des NS-Regimes (Diss. phil), Kallmünz 2013 // Petra Behrens u. a. (Hg.): »Tod den Nazi-

Verbrechern«. Widerstand gegen den Nationalsozialismus am Kriegsende, Begleitband zur Ausstellung der Gedenkstätte Deutscher Widerstand, Berlin 2020 (Literatur zu Einzelschicksalen siehe dort)

5 Pfister, S. 798

6 Ebd., S. 317

7 Ebd.

8 Zorn, S. 498f.

9 Ebd., S. 501f.

10 Mündliche Tradition

11 Arendes, S. 64

12 Zitiert nach Norbert Göttler: »Die weiße Fahne«, Filmdokumentation im Bayerischen Fernsehen, 2007

13 Wolfgang Trees und Charles Whiting: Unternehmen Karneval. Der Werwolf-Mord an Aachens Oberbürgermeister Oppenhoff, Aachen 1982 // Bernhard Poll: Franz Oppenhoff, in: Rheinische Lebensbilder, Band 1, Düsseldorf 1961

14 Zitiert nach Göttler: »Die weiße Fahne. Filmdokumentation im Bayerischen Fernsehen, 2007

15 Ebd.

16 Hans Schultheiß: Die Tragödie von Brettheim, herausgegeben vom Förderverein Erinnerungsstätte »Die Männer von Brettheim«, Tübingen 2002

17 Ebd.

18 Arendes, S. 11

19 Zorn, S. 503 // Behrens, S. 26f.

20 Zorn, S. 505

21 Ebd., S. 506 // »Schwieriges Gedenken«, https://n-land.de/thema/burgthann

22 Behrens, S. 42f.

23 Christian Feldmann: Der Domprediger. Dr. Johann Maier – ein Leben im Widerstand. Regensburg 1995 // Anton Kornmann: Erinnerung an einen Blutzeugen. Abensberg 1995 // Anton Kornmann: Domprediger Dr. Johann Maier. Person und Zeit. Abensberg 1999 // Werner Chrobak (u. a.): 50 Jahre danach – Domprediger Dr. Johann Maier und seine Zeit, Katalog zur Ausstellung in der Bischöflichen Zentralbibliothek Regensburg, 23. April bis 28. Juli 1995, Regensburg 1995

24 Zitiert nach Göttler: »Die weiße Fahne«. Filmdokumentation im Bayerischen Fernsehen, 2007

25 Folge im Wesentlichen: Veronika Diem: Die Freiheitsaktion Bayern. Ein Aufstand in der Endphase des NS-Regimes (Diss. phil), Kallmünz 2013 // Zorn, S. 523f.

26 Pfister, S. 296

27 Ebd., S. 325

28 Diem, S. 262

29 Zitiert nach: Göttler: »Die weiße Fahne. Filmdokumentation im Bayerischen Fernsehen, 2007

30 Helmut Moll (Hg.): Zeugen für Christus. Das deutsche Martyrologium des 20. Jahrhunderts, Paderborn 1999, S. 541f.

31 Hans Holzhaider: Die Sechs vom Rathausplatz, Dachau 1982

32 Zorn, S. 523

33 Ebd., S. 525 // Diem, S. 297 und S. 451

34 Zorn, S. 529 // Diem, S. 453

35 Diem, S. 455

36 Ebd., S. 453 und S. 295f.

37 Diem, S. 293

38 Pfister, S. 411

39 Zitiert nach: Göttler: »Die weiße Fahne. Filmdokumentation im Bayerischen Fernsehen, 2007

40 Pfister, S. 411

41 Im Auftrag der Stadt Penzberg: Gisela Geiger (Hg.): Die Penzberger Mordnacht, Penzberg 2015 // Behrens, S. 90f.

42 Zorn, S. 525 // Diem, S. 300 und S. 453

43 Diem, S. 297 // Göttler: »Die weiße Fahne. Filmdokumentation im Bayerischen Fernsehen, 2007

44 Pfister, S. 309

45 Zorn, S. 536 // Diem S. 451 und S. 300 // »Als das Tal den Atem anhielt«, Historische Zeitschrift »Tegernseer Tal«, Nr. 94 (1984), S. 1ff.

46 Ebd., S. 353

47 Pfister, S. 489

48 Ebd., S. 206

49 Ebd., S. 232

50 Ebd., S. 261

51 Ebd., S. 364

52 Ebd., S. 379

53 Ebd., S. 383

54 Ebd., S. 404

55 Ebd., S. 438

56 Ebd., S. 452

57 Ebd., S. 468

58 Ebd., S. 575

59 Ebd., S. 623

60 Ebd., S. 638

61 Ebd., S. 800

62 Ebd., S. 809f.

63 Ebd., S. 968

64 Ebd., S. 1027

65 Ebd., S. 1060

66 Ebd., S. 1173

67 Ebd., S. 964
68 Ebd., S. 1287
69 Ebd., S. 343
70 Ebd., S. 502
71 Ebd., S. 811
72 Ebd., S. 215
73 Ebd., S. 386
74 Ebd., S. 595
75 Ebd., S. 1163
76 Sven Keller: Volksgemeinschaft am Ende. Gesellschaft und Gewalt 1944/45, München 2013
77 Michael Stolleis: Nahes Unrecht, fernes Recht. Zur juristischen Zeitgeschichte im 20. Jahrhundert, Göttingen 2014
78 Edith Raim: Justiz zwischen Diktatur und Demokratie, Oldenburg 2013
79 Robert Wistrich: Wer war wer im Dritten Reich? Ein biographisches Lexikon, Frankfurt am Main 1987, S. 200f.
80 Wistrich, S. 385f.

Editorische Notiz

Die Gleichberechtigung aller Geschlechteridentitäten ist dem Autor und dem Allitera Verlag eine Selbstverständlichkeit. Es wird daher davon abgesehen, diese Haltung zu betonen und zugunsten des Leseflusses auf Mehrfachnennungen verzichtet, um einzelne Geschlechter anzusprechen. Mit der Verwendung des generischen Maskulinums als neutrale, klassische Schreibweise sind alle Identitäten gemeint.

Verwendete Literatur

Arendes, Cord u. a. (Hg): Terror nach Innen. Verbrechen am Ende des Zweiten Weltkrieges, Göttingen 2006

Behrens, Petra u. a. (Hg.): »Tod den Nazi-Verbrechern«. Widerstand gegen den Nationalsozialismus am Kriegsende, Begleitband zur Ausstellung der Gedenkstätte Deutscher Widerstand, Berlin 2020

Chrobak, Werner (u. a.): 50 Jahre danach – Domprediger Dr. Johann Maier und seine Zeit, Katalog zur Ausstellung in der Bischöflichen Zentralbibliothek Regensburg, 23. April bis 28. Juli 1995

Diem, Veronika: Die Freiheitsaktion Bayern. Ein Aufstand in der Endphase des NS-Regimes (Diss. phil.), Kallmünz 2013

Feldmann, Christian: Der Domprediger. Dr. Johann Maier – ein Leben im Widerstand, Regensburg 1995

Geiger, Gisela (Hg.): Die Penzberger Mordnacht, Penzberg 2015

Holzhaider, Hans: Die Sechs vom Rathausplatz, Dachau 1982

Keller, Sven: Volksgemeinschaft am Ende. Gesellschaft und Gewalt 1944 / 45, München 2013

Kornmann, Anton: Erinnerung an einen Blutzeugen, Abensberg 1995

Ders.: Domprediger Dr. Johann Maier. Person und Zeit, Abensberg 1999.

Moll, Helmut (Hg.): Zeugen für Christus. Das deutsche Martyrologium des 20. Jahrhunderts, Paderborn 1999

Nöhbauer, Hans F.: München. Eine Geschichte der Stadt und ihrer Bürger von 1854 bis zur Gegenwart, München 1992

Pfister, Peter (Hg.): Das Ende des Zweiten Weltkriegs im Erzbistum München und Freising, Regensburg 2005

Poll, Bernhard: Franz Oppenhoff, in: Rheinische Lebensbilder, Band 1, Düsseldorf 1961

Raim, Edith: Justiz zwischen Diktatur und Demokratie. Wiederaufbau und Ahndung von NS-Verbrechen in Westdeutschland 1945–1949, Oldenburg 2013

Schultheiß, Hans: Die Tragödie von Brettheim, herausgegeben vom Förderverein Erinnerungsstätte »Die Männer von Brettheim«, Tübingen 2002

Stolleis, Michael: Nahes Unrecht, fernes Recht. Zur juristischen Zeitgeschichte im 20. Jahrhundert, Göttingen 2014

Trees, Wolfgang / Whiting, Charles: Unternehmen Karneval. Der Werwolf-Mord an Aachens Oberbürgermeister Oppenhoff, Aachen 1982

Wistrich. Robert / Weiß, Hermann: Wer war wer im Dritten Reich? Ein biographisches Lexikon, Frankfurt am Main 1987

Wolfrum, Edgar: Widerstand in den letzten Kriegsmonaten und Endphasenverbrechen, in: Widerstand gegen die nationalsozialistische Diktatur 1933–1945, herausgegeben von Peter Steinbach und Johannes Tuchel, Berlin 2004

Zorn, Wolfgang: Bayerische Geschichte im 20. Jahrhundert, München 1986

Bildnachweis

Gemeinfrei/Wikipedia, alle CC BY-SA 4.0: S. 60 (Sascha Faber), 62 (Groogok), 64 (Robert Limpert), 65 (Robert Limpert), 67 (Wikitarisch), 68 (Wikitarisch), 69 (Karl Roßkopf), 76 (Aisano), 77 (Renardo la Vulpo), 80 (Adams), 86 (Ricardalovesmomuments), 87 (Bglwiki)
Archiv Norbert Göttler: S. 66, 70, 72, 74, 75, 78, 79, 82, 83, 84, 85